5分で準備 学校行事 あいさつ・シナリオ集

別冊
実物資料付き！

地球SOS
環境探検隊！

学芸会シナリオ

作　根尾原代子

小学校

年　組

監修　向山洋一
編集　松崎 力

騒人社

ま え が き

　学校には、さまざまな動きがあります。毎年同じように、子供たちが入学し、そして巣だっていきます。入学式から、卒業式までの六年間、始業式、終業式、運動会、学芸会などなど、季節の移り変わりとともに多くの行事が繰り返されます。

　行事は、学習指導要領の特別活動の中に位置づけられています。内容は、「全校又は学年を単位として，学校生活に秩序と変化を与え，学校生活の充実と発展に資する体験的な活動を行うこと。」とあります。

　毎年繰り返される行事ではありますが、子供たちは、その中で貴重な体験を積んでいきます。とりわけ、行事の中でよく行われる「代表としてのあいさつ」は小学校、中学校の間に全員に一度は、経験させたいものです。大勢の人の前で話す経験は、それだけにとどまらず、日常のあいさつや、授業での発表にまでかかわってくることが多いです。

　すべての子にもそうした経験をさせたいという願いと、その指導をする先生方のためになるように、学校行事でよく行われるものを取り上げ、「あいさつ例文」や「シナリオ」をまとめました。

　代表になったお子さんに、この文例を提示してください。文例を読んで、どんなあいさつをすればよいか気づくはずです。「考えてごらんなさい。」だけでは分からないことも、イメージがわけば、例文をもとにその子なりの工夫が生まれることでしょう。

　教師は、毎年繰り返される行事のあいさつを、毎年同じように初めから指導をしています。本著のあいさつ例文集やシナリオ集は、提示すれば、その先は子供達の力で、よりよいものを考え出します。

　全国で行われている行事の違いも興味深いと思います。儀式的なものだけでなく、学校での集会や活動のよいヒントになることと思います。

　巻末の実物資料は、向山が５年生で行った学芸会のシナリオです。同学年を組んだ師尾喜代子氏が書き下ろしたものです。オムニバス形式で書いてもらったシナリオです。場面が分かれていますから、多人数でも少人数でも実施可能です。校外宿泊学習のシナリオも、子供たちが、このシナリオをもとに自分たちで運営していました。

　学校行事に多くの時間を費やすことなく、シンプルにしかも子供達の活動を最大限に活かす指導は、教師の仕事です。

七月吉日　　向山洋一

学習指導要領に示された学校行事の目標と
本誌の関わり

学習指導要領に示された学校行事の目標

　学校行事を通して、望ましい人間関係を形成し、集団への所属感や連帯感を深め、 公共の精神を養い、協力してよりよい学校生活を築こうとする自主的、実践的な態度を育てる。

　目次の分類に関しては、下記「新学習指導要領」の「2　特別活動の基本的な性格と教育活動全体における意義」に従い名目的に分類した。なお、⑸　勤労生産・奉仕的行事については、実践例が少なく、項目立てしていない。

記

　学校行事においては，学芸会，作品展，音楽会，運動会，遠足，集団宿泊活動，修学旅行など各種の学校行事が行われており，これらは，各教科等の学習と深い関わりをもつものが多い。逆に，様々な学校行事の経験が各教科等の学習に生きるなど，学校行事と各教科等は深い関わりをもっている。このように学校行事は，児童が日常の学習や経験を総合的に発揮し，発展を図る教育活動であり，各教科等では容易に得られない体験活動である。また，儀式的行事などにおける国旗及び国歌の指導については，社会科や音楽科などにおける指導と十分に関連を図ることが大切である。

　また，外国語活動との関連については，外国語活動において「友達との関わりを大切にした体験的なコミュニケーションを行う」特質を生かして，「文化的寛容さをもち，多様な他者を尊重する態度」を大切にする特別活動においても，友達とのコミュニケーションを図る活動を一層効果的に展開できるようにする必要がある。

　ここに例示したものに限らず，特別活動で育成することを目指す資質・能力や内容は，各教科等の学習と深い関わりをもっている。第4章で説明するように，特別活動の全体計画等を作成するに当たっては，こうした各教科等との関連について十分考慮することが必要である。

〈 目　次 〉

まえがき
学習指導要領に示された学校行事の目標と本誌の関わり

第1章　儀式的行事―入学式・卒業式・始業式・終業式・着任式・離任式・対面式

第2章　文化的行事―学習発表会・6年生を送る会

あとがき

第 5 章　実物資料（別冊）

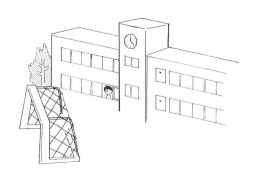

儀式的行事

▶学校生活に有意義な変化や折り目を付け，厳粛で清新な気分を味わい，新しい生活の展開への動機付けとなるようにすること。
（新学習指導要領—特別活動の内容より）

入学式1-1-1

入学式―よびかけによる歓迎の言葉

▷ **対象学年**………6学年　＊学校によっては、2年生の場合もある

　新入生に向けて歓迎の気持ちを込め、在校生が行う。

▷ **事前準備**

□1．シナリオの印刷と児童への配付

□2．児童の役割分担・人数で呼びかけなど、シナリオの調整をする。

▷ **留意点**

・入学式は新学期初日、または2日目に行われることが多いので、前年度のうちにあらかじめ台本を配付し、役割分担をしておく。

・転出入があることが考えられるので、台本を多めに印刷し、入学式前に最終調整を行う。

▷ **シナリオ例**

```
1 （　　）1年生のみなさん　　　全員　おめでとうございます。
2 （　　）みなさんが入学するのを　　　3 （　　）とても楽しみに待っていました。
4 （　　）困ったことがあったら　　　5 （　　）いつでも私たちに
6 （　　）聞いてください。　　　7 （　　）明日から
8 （　　）いっしょに遊んだり　　　9 （　　）勉強したりしましょう。
10 （　　）○○小学校では　　　11 （　　）楽しいことがたくさんあります。
12 （　　）1学期には　　　13 （　　）運動会。
14 （　　）1年生はかけっこやダンス、玉入れをします。
15 （　　）2学期は　　　16 （　　）学習発表会。
17 （　　）1年生は歌ったり、楽器を弾いたりします。
18 （　　）私たち（6年生）は（劇）に挑戦します。
19 （　　）楽しみにしていてください。
20 （　　）他にも遠足や長縄大会などがあります。
21 （　　）毎日の勉強や休み時間も　　　22 （　　）楽しいことがいっぱいあります。
23 （　　）みなさんと一緒に過ごせることが嬉しいです。
24 （　　）先生方も助けてくれたり　　　25 （　　）応援してくれたりします。
26 （　　）○○小学校の全員が　　　27 （　　）みなさんのことを歓迎しています。
28 （　　）ようこそ　　　全員　○○小学校へ。
29 （　　）これから、どうぞ　　　全員　よろしくお願いします。
30 （　　）歓迎のあいさつを終わります。
```

入学式1―1―2

入学式―司会（教師）シナリオ

▷ **対象**……………教師

言葉を少なく、短くし、テンポよく進められるようにする。

▷ **事前準備**

□1．事前に管理職のチェックを受けておく。

▷ **留意点**

・新1年生に分かりやすい言葉をえらび、間をとって理解できるように話す。

・式次第は、（前年度を参考に）事前に確認しておく。

▷ **シナリオ例**

開式3分前	「式が始まります。着席。式の最中、具合が悪くなったり、どうしてもトイレに、行きたくなったりしたら、近くの先生を呼びなさい。」
来賓入場	「ご来賓の皆様が入場致します。」
1．新入生入場	「○年度、○○小学校新入生が入場します。皆さん、大きな拍手でお迎え下さい。」
入場後〜	「ご起立下さい。みなさん、立ちましょう。」
2．会式の言葉	「開式の言葉」
3．国歌斉唱	「国歌斉唱」
4．校歌斉唱	「校歌斉唱」
校歌終了〜	「ご着席下さい。みなさん、いすに座りましょう。」
5．式辞	「学校長式辞」
6．祝辞	「祝辞。本校ＰＴＡ会長○○様」
7．祝文・祝電披露	「入学式に際しまして、お祝いのメッセージが届いています。ご紹介します。」
8．新入生紹介	「1年生の皆さんは、先生から名前を呼ばれたら、「はい。」と返事をしましょう。」
9．歓迎の言葉	「在校生を代表して、6年生が歓迎の言葉を述べます。」
10．歓迎の歌	「歓迎の歌」
11．閉式の言葉	「閉式の言葉」
12．新入生退場	「新入生が退場します。大きな拍手でお送りください。」
13．来賓退場	「ご来賓の皆様が退場致します。」
14．保護者移動	「保護者の皆様は、各教室に移動をお願いします。」
15．在校生退場	「在校生の皆さんは担任の先生の指示に従って退場してください。」

卒業式 1 － 1 － 3

卒業式呼びかけ（6・5学年）

▷ **対象学年**………6学年・5学年

　5年生は、6年生への感謝の気持ちを表す。

　6年生は、今まで支えてくれた人々への感謝と中学校へ向けての意欲を表す。

▷ **事前準備**

□1．よびかけの割り当て

　　人数とセリフの数を調整し、セリフの担当を決める。

　　その学年のエピソードを付け加えるなど加除修正をする。

▷ **留意点**

・欠席者のセリフは、となりの人が言うなど確認しておく。

▷ **シナリオ例**　※数字は6年生　○数字は5年生

卒業式シナリオ

6年生

1 （　　　） 春、喜びの日　　　　　　　　　2 （　　　） 20○○年3月○○日

3 （　　　） 6年間、勉強や運動にはげんできた学び舎

4 （　　　） ○○小学校　　　　　　　　　　5 （　　　） ともに学び

6 （　　　） ともに遊び　　　　　　　　　　7 （　　　） ともに過ごし

8 （　　　） ともに歩んできた6年間　　　　9 （　　　） つらいときは励まし合い

10 （　　　） 悲しみを分かち合い

11 （　　　） うれしいときは、一緒に喜びあった友達

＊（ 全員 ） 友達

12 （　　　） ○○小学校での6年間　　　　　13 （　　　） すべてが、私たちの宝物

14 （　　　） その宝物がつまった卒業証書を胸に

＊（ 男子 ） ぼくたち　　　　　　　　　　　＊（ 女子 ） わたしたちは

15 （　　　） 今、卒業します　　　　　　　　＊（ 全員 ） 卒業します

卒業生の歌「旅立ちの日に」

16 （　　　） ふり返ると、うかんでくる様々な思い出

17 （　　　） 昨日のように思い出されます

＊（ 全員 ） 1年生

18 （　　　） とってもきんちょうした入学式

19 （　　　） 初めての勉強がうれしかったです。

＊（ 全員 ） 2年生

20（　　　）難しくて、苦労したかけ算九九

21（　　　）何度も何度もくり返し、やっと覚えることができました

＊（全員）3年生

22（　　　）中学年になって初めて参加した音楽発表会

23（　　　）リコーダーの音色と歌声がひびきわたりました

＊（全員）4年生

24（　　　）クラブ活動がはじまりました。

25（　　　）こうして、少しずつ○○小学校の上学年として成長してきました。

＊（全員）5年生

26（　　　）みんなと協力して過ごした1泊2日の野外活動

27（　　　）小学校生活初めての宿泊

28（　　　）自分たちで選んだ体験活動はとても楽しかったです

＊（全員）6年生

29（　　　）何といっても、忘れられない修学旅行

30（　　　）（鶴ヶ城の天守閣から見た会津の町並）

31（　　　）自分たちで計画していった自主研修

32（　　　）友達と過ごしたホテルでの一夜

33（　　　）たくさんの思い出とおみやげをかかえて帰りました

34（　　　）そして、最高学年としてがんばった

35（　　　）たてわり活動、委員会活動

36（　　　）頼りにされるほど6年生としての責任感が生まれました。

37（　　　）学習発表会の劇「○○○○」

38（　　　）一人一人が役になりきり、演技しました。

39（　　　）運動会での（応援合戦や竹取合戦）

40（　　　）心と力を一つにして、奇跡の同点優勝をはたしました

41（　　　）ぼくたちが残した足跡　　　　　42（　　　）私たちが作った歴史

43（　　　）いつまでも忘れません　　　　　44（　　　）在校生のみなさん

45（　　　）○○小学校の伝統を引き継ぎ

46（　　　）より良い○○小学校をつくっていってください

47（　　　）いつまでもきらりと光る○○小学校であるように

48（　　　）そしてみなさんもきらりと光る○○小学校の児童として

49（　　　）新しい○○小学校の歴史をつくっていってください

50（　　　）○○小学校の新しい歴史を

5年生①（　　　）6年生のみなさん

　　　②（　　　）ご卒業おめでとうございます。

　　＊（5年全員）おめでとうございます。

　　　③（　　　）たよりになった6年生

　　　④（　　　）委員会活動、たてわり活動、クラブ活動

⑤（　　　　）いつも私たちをリードしてくれました。

⑥（　　　　）みなさんと過ごした思い出と

⑦（　　　　）みなさんが築いた伝統を胸に

⑧（　　　　）私たちが新しい○○小学校をつくっていきます。

＊（５年全員）つくっていきます。

⑨（　　　　）今まで本当にありがとうございました。

＊（５年全員）ありがとうございました。

５年生の歌「大空が迎える朝」

51（　　　）私たちのかげには、いつもだれかの支えがありました。

52（　　　）時にはきびしく、時にはやさしく

53（　　　）私たちをみちびいてくれた先生方

54（　　　）先生方のことばは、いつもわたしたちの励みになりました

55（　　　）いつも温かく見守ってくれた　　　＊（全員）おうちの方々

56（　　　）いつもわたしたちのことを考えてくれて

57（　　　）感謝の気持ちでいっぱいです

58（　　　）心配をかけたこともありましたが、こんなに大きくなりました。

59（　　　）そして、明るいあいさつで、わたしたちに声をかけてくれた地域の方々

60（　　　）たくさんの人とかかわり　　　　　61（　　　）たくさんの人に支えられながら

62（　　　）ぼくたちはりっぱに成長することができました。

63（　　　）本当にありがとうございました　　＊（全員）ありがとうございました

64（　　　）そして、これからもよろしくお願いします。

＊（全員）よろしくお願いします。

65（　　　）６年間の思い出と希望を胸に

66（　　　）私たちは卒業します

67（　　　）私たちの小さな足跡

68（　　　）今までつちかってきた友情

69（　　　）みなさんからの支え

70（　　　）全てを胸に刻み

71（　　　）希望に満ちた空へ向かって

72（　　　）今、はばたきます

＊（全員）はばたきます

５・６年児童の歌「Believe」

卒業式1－1－4

卒業式よびかけ（全学年）

▷ **対象学年**………小学校1～6年

・1年から5年生は、6年生への感謝の気持ちを表す

・6年生は、今まで支えてくれた人々への感謝と中学校へ向けての意欲を表す。

▷ **事前準備**

□1．よびかけの割り当て

　　人数とセリフの数を調整し、セリフの担当を決める。

　　その学年のエピソードを付け加えるなど加除修正をする。

▷ **留意点**

・欠席者のセリフは、となりの人が言うなど確認しておく。

▷ **シナリオ例**

```
司会　　（　　　）別れの言葉
　　　　　　　　　　6年（在校生と向かい合う）
5年　　（　　　）3月　　日。今日は卒業の日。
在校生　　全員　　そつぎょうの日。
3～5年　　全員　　6年生のみなさん
1～2年　　全員　　ごそつぎょう
在校生　　全員　　おめでとうございます。

4年　　（　　　）卒業される6年生のみなさん、今どんな気持ちでしょうか。
3年　　（　　　）小学校6年間のことを、いろいろと思い出していることでしょう。
5年　　（　　　）泣いたり笑ったり、喜んだり悲しんだりして過ぎ去った、6年の思い出の
　　　　　　　　　日々。
5年　　（　　　）私たち在校生も、この1年間、6年生のみなさんと、たくさんの思い出を
　　　　　　　　　作ることができました。

1年　　（　　　）いつも、えがおで、やさしくしてくれた6年生のみなさん。
1年　　（　　　）あさのじかんには、かみしばいをよんでくれて、ありがとうございました。
1年　　（　　　）手じなや、おにごっこをしてくれて、ありがとうございました。
1年　　（　　　）おかげで1年生は、6年生のみなさんも○○小学校も
1年　　　　全員　　大すきになりました。

2年　　（　　　）運動会。
```

2年　（　　　）ならばせたり、はちまきをしめてくれたりと、たくさんのしごとをしてく
　　　　　　　　ださいました。
2年　（　　　）おうえんがっせんでは、グラウンド中にひびく大きな声で、堂々とセリフ
　　　　　　　　が言えていて、すごいなあと思いました。
2年　（　　　）100ｍ走で、風を切って走るすがたははく力まんてんで、とてもかっこよ
　　　　　　　　かったです。
2年　　全員　お手本になって、私たちをリードしてくれた6年生のすがた、わすれませ
　　　　　　　　ん。

3年　（　　　）たてわり班で行なった、遊び集会。
3年　（　　　）6年生のみなさんが、みんなをまとめてくださいました。
3年　（　　　）寒い中、いっしょに取り組んだ落ち葉ひろい。
3年　（　　　）6年生のみなさんが作ってくれたやきいもは、とてもあったかかったです。
3年　　全員　6年生のみなさんとの、楽しい思い出ができました。

4年　（　　　）委員会活動では、いつも先頭に立って、まとめてくださいました。
4年　（　　　）原案を立てて、委員会に向かう姿、とても勉強になりました。
4年　（　　　）6年生のみなさんからのアドバイスを生かし、私たち4年生も
4年　　全員　みなさんのような高学年になれるよう、がんばります。

5年　（　　　）学校のリーダーとして、わからないこともやさしく教え、みんなをまとめ
　　　　　　　　てくれた6年生。
5年　（　　　）進んで良いことを行ったり、自分で考え、気づいたことをすぐ実行したり
　　　　　　　　する姿からは、
5年　（　　　）6年生としての心構えや、あるべき姿を学ぶことができました。
5年　　全員　今まで、本当にありがとうございました。

3年　（　　　）楽しかった集会、がんばってくれた児童会活動。
4年　（　　　）そこにはいつも、やさしくリードしてくださった6年生がいました。
4年　（　　　）この1年、6年生のみなさんが残してくれた、たくさんの思い出を忘れず、
5年　（　　　）築いてくれた、確かな伝統を受け継ぎ、
5年　（　　　）さらに発展させていくことを、わたしたち在校生は
在校生　全員　やくそくします

6年　（　　　）在校生の皆さん、心のこもった言葉をありがとうございます。
6年　（　　　）私たちは、今、校長先生から卒業証書をいただきました。
6年　（　　　）振り返ると、いろいろなことがあった6年間。
6年　（　　　）長いようで短かった6年間。
6年　（　　　）初めて学校に入った時の緊張。

6年　　　全員　　今でもはっきりと覚えています。
6年　（　　　）買ってもらったばかりのランドセルを背負って、毎日学校に通った。
6年　（　　　）春のにおいを感じさせながら咲く桜が、いつも私たちを出迎えてくれた。
6年　（　　　）初めての校舎は楽しくてウキウキしたことを今でも覚えています。
6年　（　　　）初めてもらった教科書は、開くたびにワクワクして、私たちを自然に笑顔
　　　　　　　　にしてくれました。
6年　（　　　）初めての授業、最初は不安でたまらなかったけれど、みんながいたから楽
　　　　　　　　しくできました。
6年　（　　　）後輩ができて嬉しかった2年生。
6年　（　　　）委員会や鼓笛など新しいことが始まった3年生。
6年　（　　　）高学年の仲間入りをした4年生。
6年　（　　　）楽しくて眠れなかった5年生の宿泊学習。
6年　（　　　）そして6年生。
6年　（　　　）最高学年ということに、すごく重い責任を感じました。
6年　（　　　）委員会活動を創り出すのは大変で、6年生らしく出来るか最初は不安でし
　　　　　　　　た。
6年　（　　　）でも、みんなと協力し、その不安を乗り越えながら、
6年　（　　　）最高学年としての責任を果たすことができました。

6年　（　　　）初夏の暑い日差しにも負けずに取り組んだ鼓笛。
6年　（　　　）声を張り上げ、全員で取り組んだ応援合戦。
6年　（　　　）全力を出し、すっきりした運動会。
6年　（　　　）自立、協力、計画性、笑顔を目標にしながら、たくさんの思い出を作った
　　　　　　　　修学旅行。
6年　（　　　）見通しを持つこと、責任を果たすこと、最後までやり抜くことを学びまし
　　　　　　　　た。
6年　（　　　）日を追うごとにだんだんと寒さが増してきた秋。
6年　（　　　）弱い心に負けずにゴールを目指して走った持久走。
6年　（　　　）走りきった達成感は、今でも心に残っています。
6年　（　　　）自分たちの持てる力を出し切った学芸会の劇「○○○」。
6年　（　　　）たくさんの壁を乗り越えて、最高の劇を作り上げた喜びは
6年　　　全員　　今も忘れません。

6年　（　　　）振り返るとたくさんの思い出がよみがえってきます。
6年　（　　　）何かを成し遂げた喜び。
6年　（　　　）友達との楽しい時間。
6年　（　　　）たくさんの成長。
6年　（　　　）この○○小学校で過ごした日々を忘れることはありません。
6年　（　　　）ありがとう○○小学校

第1章

❶入学式・卒業式

9

6年　　　全員　　ありがとう○○小学校

6年　（　　　）私たちがこの○○小学校を卒業できるのは、地域の方や先生方、そして在校生の皆さんのおかげです。

6年　（　　　）悩んだ時、相談に乗ってくれた先生。

6年　（　　　）具合が悪い時、やさしく見てくれた○○先生。

6年　（　　　）学校の管理をしてくれた○○さん、□□さん。

6年　（　　　）おいしい給食を作ってくれる○○さんや給食センターの皆さん。

6年　（　　　）いつも元気に笑顔で迎えてくれる校長先生、教頭先生。

6年　（　　　）私たちといっしょに、この○○小学校を作ってくれた在校生の皆さん、本当にありがとうございました。

6年　（　　　）悲しい時も、嬉しい時もいっしょに笑って、

6年　（　　　）いつもそばにいてくれた大切な友達。

6年　（　　　）友達がいたから、どんなに辛いことでも乗り越えられました。

6年　（　　　）そして、支えてくれた家族の皆さん、本当にありがとうございます。

6年　（　　　）そのおかげで、私たちはここまで来ることができました。

6年　（　　　）今まで育ててくれてありがとうございます。

6年　（　　　）そして、これからも私たちを見守ってください。

6年　（　　　）在校生の皆さん。

6年　（　　　）これからもみんなで力を合わせ、

6年　（　　　）明るく楽しい○○小学校を築いていってください。

6年　（　　　）私たちは、今、未来へ向かって旅立ちます。

6年　　　全員　　旅立ちます。

6年生の歌

5年　（　　　）卒業生の皆さん。

在校生　全員　　今まで、本当にありがとうございました。

5年　　　全員　　さようなら

6年　　　全員　　さようなら

5、6年　全員　　さようなら

在校生の歌

卒業式 1 ― 1 ― 5

卒業式よびかけ（小・中併設校）

▷ **対象学年**‥‥‥‥小学校 6 年、中学校 3 年

・今まで支えてくれた人々への感謝と未来へ向けての意欲を表す。

　＊このシナリオは、小中学校併置校、全学級特別支援学級校の実践です。

▷ **事前準備**

□ 1．よびかけの割り当て

　　誰がどのセリフを言うのか事前に決めておく。

▷ **留意点**

・その学年のエピソードを付け加えるなど加除修正をする。

▷ **シナリオ例**

◆ 「別れの言葉」プログラム
　1　全般　　2　友達にありがとう　　3　お家の人にありがとう
　4　未来の目標

（　　　　）喜んだり、悲しんだりしながら歩いた道に、今、別れの時が来た
（　　　　）ともに手をとり、歩いた道に
（　　　　）今、巣立ちの時が来た
（　　　　）はばたこう、広い世界へ
（　　　　）とびたとう、おおぞらへ
（　　　　）私たちはこれから、新しい道に進んでいきます
（　　　　）小中学校の思い出をむねに
（　　　　）夢に向かって、歩んでいきます
（　　　　）これまでたくさんの人に支えていただきました
（　　　　）いつもは恥ずかしくて、なかなか言えないけれど
（　　　　）今日は心から伝えたい
（ 全員 ）ありがとう

【友達にありがとう】
（　　　　）ボール投げ、楽しかった
（　　　　）ピザを作って、楽しかった
（　　　　）みんなで遊べて、うれしかった
（　　　　）サッカーに誘ってくれてありがとう

（　　　）みんなでやったサッカー楽しかった
（　　　）一緒に行事をがんばりました
（　　　）運動会のデカパンリレー、一緒に走ったね
（　　　）みんなで踊ったダンスとよさこい
（　　　）修学旅行のカラオケ大会、楽しかった
（　　　）みんなでカヌーをしたこと
（　　　）一緒にプリキュアダンスを踊ったこと
（　　　）毎日のランニング、あきらめないで走ったね
（　　　）みんなのおかげでがんばれた
（　　　）毎日すごした教室
（　　　）一緒に過ごした仲間、忘れない
　　　　　歌「BEST FRIEND」

【お家の人にありがとう】
（　　　）いつも支えてくれた
（　　　）時には叱ってくれた
（　　　）おかげさまでここまで成長できました
（　　　）いろんなところに連れて行ってくれて、ありがとう
（　　　）お父さん、自転車で連れて行ってくれて、ありがとう
（　　　）勉強でわからないところを教えてくれて、ありがとう
（　　　）いつも行きたいところに連れて行ってくれて、ありがとう
（　　　）おいしいご飯を作ってくれて、ありがとう
（　　　）一緒に面接練習をしてくれて、ありがとう
（　　　）お父さん、お母さん、育ててくれてありがとう
（　　　）離れていても明るく生きていきます
（　　　）これからもよろしくお願いします
　　　　　歌「遙か」

【未来に向かって】
（　　　）高校でもっといろいろな勉強をがんばります
（　　　）運動をがんばります
（　　　）清掃作業をがんばります
（　　　）走るのをがんばります
（　　　）勉強をがんばります
（　　　）走るのが好きなので、パパと札幌ドームまで走りたいです。
（　　　）物を作ったり、科学実験や理科をやったりしたいです。
（　　　）得意なことを活かしたいです。
（　　　）荷物を運ぶ仕事がしたいです
（　　　）ものづくりの仕事がしたいです

（　　）手を使う仕事がしたいです

（　　）自分の体に会う仕事につきたいです

（　　）大工さんになりたいです

（　　）ケーキ屋さんになるのが夢です

（　　）将来の夢は電車の運転士です

（　　）自分のカフェを開きたいです

（　　）俳優になりたいです

（　　）食品関係の仕事につくのが夢です

（　　）動物関係の仕事がしたいです

（　　）歌い手になりたいです

（　　）ラーメン屋さんになりたいです

（　　）虫が好きなので、虫博士になりたいです。

（　　）いろいろな服を作ってみたいので、デザイナーになりたいです。

（　　）自分の力を信じて、私達は今、飛び立ちます。

　　　　歌「旅立ちの日に」

卒業式 1 ― 1 ― 6

教師による呼びかけ指導

▷ **対象学年**………6 年生

　個別評定で、できていることとできていないことをはっきりさせ、子どもの意欲を引き出し、効率よく練習する。

▷ **事前準備**

☐ 1．呼びかけの台本を作成する。

　呼びかけのセリフには番号をつけておく。（指導の際、個別評定をするときに使う）

☐ 2．台本を事前に配付し、自分のセリフを覚えさせる。

　1 回目の体育館練習で通し練習ができるようにするため。

▷ **留意点**

・本シナリオは、向山洋一氏の卒業式の呼びかけ指導の 1 日目を参考にした。

【参考文献】「教え方のプロ向山洋一全集」

▷ **シナリオ例**

シナリオ

①この体育館でよびかけを言うのです。

　みんなが卒業するに際しての誓いの言葉でもあります。

　きりりとはぎれよくいいましょう。二つだけ注意します。

　当日は○○○名もの人がいます。参加者の洋服に声がすいとられます。

　そのため声が小さく聞こえてしまいます。

　○○○名に負けないようによく聞こえるようにしっかりと言いなさい。

　もう一つ、声は届くのに時間がかかります。

　前の人の声が、体育館の隅々まで届いたなと思ってから、次の人は言いなさい。

　二秒ぐらいは、かかります。それでは練習してみましょう。

　　＊五分ほどで、何回かストップをし、やり直す。教師が見本を見せることもある。

②一回、通して練習します。（教師はセリフ番号に個別評定を書きこむ。）

　　＊全員に最後まで一度言わせる。

③これから番号を言います。

　自分のセリフの番号を言われた人は起立しなさい。

　1 番、3 番、5 番、…6 番、99 番、101 番、105 番。

　あなた方の声は聞き取れません。

　もっと大きな声で言いなさい。分かったらすわりなさい。

④また、番号を言います。言われたら立ちなさい。
　2番、3番、7番、9番、‥‥‥。
　あなた方のセリフの出方は早すぎるので、前の人の声とだぶっています。
　もっと遅く出なさい。
　分かったらすわりなさい。

⑤また、番号を言います。言われたら立ちなさい。
　9番、11番、15番、16番、‥‥‥。
　あなた方のセリフは切れ目がありません。
　ひとことひとこと、区切るように言いなさい。

⑥9番言ってごらんなさい。よし、合格。

⑦11番言ってごらんなさい。そうです。合格。

⑧次に番号を言います。言われたら立ちなさい。
　4番、8番、10番‥‥‥。
　（間をおく）第1回目は合格です。
　大変上手でした。

⑨では、もう一度やります。スタート。
　＊二回目、全員に最後まで言わせる。

⑩これから、番号を言いますから、言われた人は起立しなさい。
　1番、2番、3番、4番、6番、‥‥99番、100番‥‥。
　（およそ9割を言う。三秒ほど間をとり、子どもたちの顔を見渡す。大きな声で）
　以上の人は、大変すばらしかったです。

　今日の練習を終わります。

始業式・終業式 1 ― 2 ― 7

1学期始業式―3年児童代表の言葉

▷ **対象学年**………全学年（2～6年）児童代表

　自分が「1年間で頑張りたいこと」や「新学年で楽しみなこと」を語り、1年間の抱負を示す。

▷ **事前準備**

□1．児童代表の言葉を述べる児童を決める。

□2．「1年間で頑張りたいこと」や「新学年で楽しみなこと」をもとに原稿を書かせる。

□3．事前練習を行う。

▷ **留意点**

・「1年間で頑張りたいこと」や「新学年で楽しみなこと」が思いつかない子のために、新学年である学習や行事を事前に教え、原稿を書かせる。

　　例　2年生　【学習】かけ算　【行事】郵便局見学水族館遠足

・新学期初日に行うことが多いので、前年度のうちに原稿作成、練習をさせておく。

・春休みにも家で練習するように伝える。また、前日に旧担任の方から電話をし、練習具合を確認する。当日も早めに登校させ、練習し確認する。

▷ **シナリオ例**

　ぼくの3年生の目ひょうは「新しい友だちをたくさんつくる」ことです。

　初めてのクラスがえで、ドキドキしています。2年生のクラスの友だちとはなればなれになるのはさみしいですが、また新しい友だちを作って、休み時間にいっしょに遊んだり、勉強したりしたいです。

　3年生になると社会や理科など新しい教科を勉強します。その中で、がんばりたいことは、理科です。実けんがあるとお兄さんから聞いたからです。実けんをせいこうさせるためにグループの友だちと協力していきたいです。そして、今まで知らなかったことをたくさん知って、かしこくなりたいです。

　中学年になって、下級生から、お兄さん・お姉さんとたよられるようになりたいです。友だちと助け合って、「1年間が楽しかった」と言えるようにがんばります。

3年○組　児童代表　○○　○○

始業式・終業式 1―2―8

１学期始業式―６年児童代表の言葉

▷ **対象学年**………児童会会長、または６年生代表

「この一年間、がんばろう」と前向きな気持ちになれるように児童代表の言葉を述べる。

▷ **事前準備**

□１．児童代表の言葉を述べる児童を決める。

□２．事前練習を行う。

▷ **留意点**

・１学期の始業式なので、準備期間に注意する。前年度の３学期中に、児童代表の言葉の内容を指導するのがよい。難しければ、学童で春休みに学校に来る児童や、学校から近い場所に住んでいる児童にやってもらうなどの工夫をすれば、学校で指導することは可能である。

・始業式の児童代表の言葉以外に、新しく学校に来られた先生方や新入生への歓迎の言葉を言う場合がある。それらの言葉と内容が同じにならないようにする。

▷ **シナリオ例**

> 　３月に、○名の先生方、６年生とお別れし、さびしく思っていましたが、今日から、新しい１年生、新しい先生方を迎えて、新しい一年が始まります。
> 　この一年間で、私ががんばりたいことは、「６年生として、全校のお手本となること」です。
> 　６年生は、この学校のリーダーです。下級生は６年生を見て、行動します。この学校がよい学校になるように一年間、がんばります。
> 　去年の６年生は、とても頼もしかったです。特に、運動会での組み体操は、みんなの息がぴったり合っていて、とても感動しました。あの６年生のように、みんなで協力し、そして学校を引っ張っていきたいです。
> 　みなさんも、自分の目標を達成できるように頑張りましょう。
> 　そして、みんなが頑張れるようにお互いに支えあって、よりよい学校にしていきましょう。
>
> 　　　　　　　　　　　　　　　　　　　６年○組　児童代表　○○　○○

始業式・終業式 1 — 2 — 9

1学期終業式―5年児童代表の言葉

▷ **対象学年**………高学年

▷ **事前準備**

□ 1．クラス全員に1学期にがんばったことと夏休みにやることを書かせる。

□ 2．代表児童を決める。

□ 3．発表の練習をする。

▷ **留意点**

・題名を統一して何を書くのかをはっきりさせる。

・書き方のフォーマットを示す。（1つ目は〜、2つ目は〜、とすると書きやすい。）

・頑張った点、努力した点を書かせる。

・原稿を覚えるまで練習させ、自信をもたせる。

・下級生に伝わるようにゆっくりと言わせる。

▷ **シナリオ例**

　　　1学期のがんばりと夏休みのもくひょう

5年　栃木　花子

　わたしが1学期にがんばったことは3つあります。

　1つ目は、陸上記録会です。5年生になって、初めての陸上記録会がありました。わたしは1000メートル走の選手に選ばれました。選手になったからには、自己ベストを出そうと思い、全力で練習に取り組みました。そして、記録会では、3位になり、自己ベストを出すことができました。とてもうれしかったです。

　2つ目は、臨海自然教室です。わたしは、活動班の班長になりました。グループの活動の時には、班のみんなが楽しく活動できるように、先生方の話をしっかりと聞いてがんばりました。

　3つ目は、算数の勉強です。苦手だった算数が少しずつできるようになりました。計算スキルで100点をとったり、テストでも100点をとったりすることができました。また、黒板に答えを書いて発表することもできました。

　明日からは夏休みです。夏休みは、算数をもっと得意にするために自主学習に取り組みます。自分が立てた計画をしっかりと守って夏休みを過ごしたいです。

　また、夏休みには、家族で出かける予定なので、普段はできないような体験ができたらいいなと思います。

始業式・終業式 1 ― 2 ―10

１学期終業式―児童代表の言葉

▷ **対象学年**………児童会会長または各学年・学級代表児童

　１学期を振り返り、夏休みに向けて前向きな気持ちを持つことができるようにする。

▷ **事前準備**

□１．シナリオの印刷と代表児童への配付

□２．内容の確認と事前練習

▷ **留意点**

・１学期中にがんばったこと、努力したことを書かせる。あらかじめ代表を決め、事前練習日など確認しておく。

・各学年・学級の代表児童発表の場合、シナリオを参考に、一人一人の文の量に差がつきすぎないよう配慮する。

▷ **シナリオ例**

児童会会長の場合

　みなさん、１学期はどうでしたか？楽しく元気に過ごせましたか？

　１学期は運動会がありましたね。６年生にとっては、小学校生活最後の運動会でした。応援や全員リレーなど力を合わせることができました。練習はたいへんでしたが、最後には最高の応援ができました。がんばってよかったです。みなさんも、それぞれがんばったと思います。１学期を通して、みなさん新しい学年として成長しました。これからも楽しみです。

　さて、明日から夏休みです。夏休みには子ども会でキャンプに行く予定です。普段出来ないような体験をしたいと思います。事故やけがなく楽しい夏休みにしましょう。

各学年・学級代表児童の場合

　ぼくが１学期、がんばったことは国語です。１学期の国語の勉強の中で、身の回りの「記号」を調べて説明文を書くというものがありました。学校の中から記号を探して、カードにかいて、マークを集めました。その中から説明したい「記号」を選びました。

　最初に下書きを書きました。下書きにはとても時間がかかりました。そして本番書きをしました。作文は苦手でしたが、先生に教えて頂きながらできたのでよかったです。

　苦手なものでもやればできるということが分かったので、これからは、苦手なことにも挑戦していきたいです。

　夏休みにがんばりたいことは、夏休みの宿題です。いつも夏休みの最後にあわててやることになるからです。今年は計画的に早く終わらせたいです。そのために、最初に苦手なことを頑張ってはやく終わらせて、最後に好きな算数を進める計画です。

始業式・終業式 1 ─ 2 ─ 11

2学期始業式─児童代表の言葉

▷ **対象学年**………児童会会長または各学年・学級代表児童

新学期に向けて、皆が前向きな気持ちを持つよう代表児童がスピーチを行う。

▷ **事前準備**

□１．シナリオの印刷と代表児童への配付

□２．内容の確認と事前練習

▷ **留意点**

・始業式は新学期初日に行われることが多いので、夏休み中、または前学期のうちに
　あらかじめ代表を決め、事前練習日など確認しておく。

・各学年・学級の代表児童発表の場合、シナリオを参考に、一人一人の文の量に差が
　つきすぎないよう配慮する。

▷ **シナリオ例**

児童会会長の場合

　みなさん、長い夏休みはいかがでしたか？　元気に過ごせましたか？

　私は、キャンプへ出かけました。そこで、自分たちでご飯をつくったり、夜は星の観察など
をしたりしました。普段はできない経験ができてとてもよかったです。

　２学期は、運動会や学習発表会などみんなで力を合わせる場面がたくさんあります。

　低学年は、自分のことは自分でしっかりとできるようにがんばりましょう。

　中学年は、学級や学年のみんなのことも考えながら行動しましょう。

　そして高学年は、今まで以上に全校のみんなのことを考えて、行動しましょう。

　みんなで力を合わせて、さらに成長する２学期にしましょう。

各学年・学級代表児童の場合

　私の夏休みの思い出は、北海道に行ったことです。北海道へは、フェリーに乗っていきまし
た。人生で初めてでした。北海道では、ジンギスカンを食べたり、○○動物園に行ったりしま
した。一番心に残っているのは、許可をもらって森に入ったことです。その森の中で、案内さ
れて、いろいろな動物を見ました。野生のヒグマを見ました。また滝をのぼるサクラマスも見
ました。

　北海道の自然は、すごいなあと思いました。また行きたいと思いました。

　二学期がんばりたいことは、学習発表会や音楽交歓会です。わたしは四年生なので、高学年
に向けて、準備や練習を進んでやりたいと思います。みんなで力を合わせてがんばりたいです。

２学期始業式―児童代表の言葉

▷ **対象学年**………各学年・学級代表児童

　新学期に向けて、前向きな気持ちを持つことができるようなスピーチを行う。

▷ **事前準備**

□１．スピーチする子どもを決める。（１学期末）

□２．スピーチする子どもに、スピーチ原稿（ワークシート）を渡す。（１学期末）

□３．スピーチの手本を教師が見せ、夏休みに20回は練習させる。（１学期末）

□４．スピーチ原稿の内容確認し、事前練習させる。（２学期始業式の直前）

▷ **留意点**

・物（夏休みの思い出）を持たせてスピーチさせる。皆に見える大きさのものがよい。

・子どもが自分でスピーチ原稿を書けるように、穴埋め式のワークシートを用意する。

・複数の子どもがスピーチする場合は、内容が重ならないように選択式のワークシートを用意する。

・スピーチの練習回数を自分で記録できる欄をワークシートに設ける。

▷ **シナリオ例**

【ワークシート】○○○○○○○○○○○○○○○○← 1回練習したら 1 つ塗る。

（　　）年（　　）組の（名前　　　　　　　　　　　）です。

（＊夏休みの思い出に関係する物を出す。）私の夏休みの思い出です。何でしょう？

（　　　　　　　　　　　）です。（＊どこで　　　　　）（＊だれと　　　　　　）

（＊どうした　　　　　）物です。とても楽しい夏休みでした。

　２学期、楽しみにしていることは（運動会のリレーやかけっこ・運動会のダンス・学習発表会・作品展・遠足・社会見学）です。

（　　　　　　　　　　　）をがんばって楽しい（運動会・学習発表会・作品展・遠足・社会見学）にしたいです。

【例】

（４）年（１）組の（鈴木令子）です。（＊浮わを出す。）私の夏休みの思い出です。

何でしょう？（浮わ）です。（田舎で）（おじいちゃんと）（海で、一緒に泳いだ時に使った）

物です。海の水はしょっぱかったけど、とても楽しい夏休みでした。

　２学期、楽しみにしていることは（運動会のリレー）です。

（バトンパスの練習）をがんばって楽しい（運動会）にしたいです。

始業式・終業式 1 — 2 — 13

2 学期終業式—児童代表の言葉

▷ **対象学年**………児童会会長、または、各学年 1 名

　2 学期の学校生活を振り返り、3 学期をよりよく生活しようと思えるように児童代表の言葉を行う。

▷ **事前準備**

□ 1．児童代表の言葉を述べる児童を決める。

□ 2．事前練習を行う。

▷ **留意点**

・各学年から 1 名が児童代表の言葉を行う場合は以下のことに注意する。

　　たくさんの子どもが前に立って話す機会を得られるように、過去に始業式・終業式などに児童代表の言葉を行った子どもをリストアップし、やったことのない子どもにさせる。（決める時期にリストを配布し、それを見て各担任が、代表者を決められるようにする。）

・「2 学期に頑張ったこと」「3 学期頑張りたいこと」「新年の誓い」など、テーマを指定したり、選ばせたりしてもよい。

▷ **シナリオ例**

> 各学年の代表が児童代表の言葉を行う場合
>
> 　私が 2 学期に頑張ったことは運動会です。特にリレーを頑張りました。みんなで協力して、タイムを縮めるためにバトン練習をしたり、体力をつけるために、走ったりしました。本番では、練習のおかげで 1 位を取ることができました。みんなで喜ぶことができたのが一番の思い出です。
>
> 　3 学期頑張りたいことは、漢字の勉強です。6 年生になり、難しい漢字が多くなりました。一文字ずつしっかり覚えられるように、練習していきたいです。
>
> 児童会代表が児童代表の言葉を行う場合
>
> 　みなさん、今日で 2 学期も終わりです。2 学期はどんな学期になりましたか。運動会や音楽会・校外学習など、いろいろな行事があり、思い出に残る 2 学期になったと思います。私は、運動会が心に残っています。今年は小学校生活最後の運動会でした。組体操では、最初はなかなかうまく練習ができずに、不安になることもありましたが、本番ではいい演技ができました。
>
> 　3 学期もいい学期になるように頑張りましょう。

2学期終業式─児童代表の言葉

▷ **対象学年**………児童会会長または各学年・学級代表児童

　3学期に向けて、2学期の学校生活で自分ががんばったことをスピーチする。

▷ **事前準備**

□1．スピーチする子どもを決める。（12月上旬）

□2．スピーチする子どもに、スピーチ原稿（ワークシート）を渡す。（12月上旬）

□3．スピーチの手本を教師が見せる。（12上旬）

□4．スピーチ原稿の内容確認し、20回は練習させる。（12月中旬）

▷ **留意点**

・物（スピーチ内容に関する）を持たせてスピーチさせる。

・子どもが自分でスピーチ原稿を書けるように、穴埋め式のワークシートを用意する。

・複数の子どもがスピーチする場合は、内容が重ならないように選択式のワークシートを用意する。（自分で工夫して原稿を書きたい子どもはワークシートを使わなくてもいい。）

・スピーチの練習回数を自分で記録できる欄をワークシートに設ける。

▷ **シナリオ例**

【ワークシート】○○○○○○○○○○○○○○○○○○○← 1回練習したら1つ塗る。

（　　）年（　　）組の（名前　　　　　　　　　　　　）です。

（＊2学期のがんばりに関する物を出す。）これは、2学期の思い出です。何でしょう？

（　　　　　　　　　　　　　　　）です。（　　　　　　　　　　　　　　　）物です。

（あれば、りゆうも　　　　　　　）とても楽しい（　　　）でした。

冬休みにがんばりたいことは（読書・書き初め・早寝早起き・運動・お手伝い・日記・お年玉の貯金・大掃除・あいさつ）です。（あれば、りゆうも　　　　　　　　　）

（　　　　　　　　　　　　　　　）をがんばって楽しい3学期にしたいです。

【例】

（6）年（○）組の（○○○○）です。

（バトンを出してみせる。）これは2学期の思い出です。何でしょう？

（バトン）です。（小学生活最後の運動会、何度もバトンパスの練習で使った）物です。

バトンパスは大成功で、とても楽しい（運動会）でした。

冬休みにがんばりたいことは（早寝早起き）です。ぼくは、なかなか起きられないからです。

（規則正しい生活習慣をくずさないこと）をがんばって楽しい3学期にしたいです。

始業式・終業式 1 — 2 — 15

3 学期始業式— 6 年児童代表の言葉

▷ **対象学年**……… 1 〜 6 学年児童代表

　冬休みを振り返るとともに、学校生活への新たな意欲を喚起する。

▷ **事前準備**

□ 1．児童代表の選出と事前指導

　　　冬休み前に児童の選出と事前指導をする。

□ 2．始業式 2 日前くらいに児童代表への連絡

　　　電話連絡をし、進捗状況を確かめる。

▷ **留意点**

・テーマに正対させる。冬休みの思い出と 3 学期の抱負を書かせる。

・分量が多くなりすぎないようにする。原稿用紙 1 枚程度。

▷ **シナリオ例**

冬休みの思い出と 3 学期の決意

6 年　　○○　　○○

　　私の冬休みの思い出は、大みそかに祖母の家に行き、親せきの子と夜おそくまで遊んだことです。テレビを見たり、ゲームをしたりして12時になるのを待っていました。11時くらいにねむくなりましたが、窓を開け、空気の入れかえをして目を覚ましました。

　　12時になった時に、みんなで「あけましておめでとう！」と言えたことがとっても心に残っています。ふだんそんなにおそくまで起きていることはないので、とてもよい思い出になりました。

　　私の 3 学期の決意は、友達との思い出を残すことです。クラスの仲間たちと過ごすのもあと 2 ヶ月になってしまいました。卒業したら、違う中学に行く友だちもいます。学校に来る日は、40日ほどです。1 日 1 日を今まで以上に大事に過ごします。勉強はもちろん、休み時間や給食、掃除時間も精一杯楽しんで取り組みます。

始業式・終業式 1―2―16

3学期始業式―児童代表の言葉

▷ **対象学年**………1～6年生の児童代表

　冬休みを振り返るとともに、3学期、次年度に向けての決意を述べさせる。

▷ **事前準備**

□1．2学期のうちに代表児童を決定する。

□2．原稿用紙を渡し、大まかな内容を指定し、冬休み中に書いておくよう指導。

□3．始業式当日朝、内容の確認と事前指導、練習。

▷ **留意点**

・原稿用紙を大まかに2等分して、「冬休み」「3学期・次の学年」、または、3等分して印をつけ、余白に「冬休み」「3学期」「次の学年」と目安を書いて渡す。

・スラスラ読めるようになるまで練習しておくよう伝えておく。

▷ **シナリオ例**

(例1－低・中学年)

　冬休み、一番の思い出は家族でスキーに行ったことです。毎年、冬休みにスキーに行っていますが、今年、初めて一番上のリフトに乗りました。とってもドキドキしました。スピードに乗って滑っていくとどんどん気持ち良くなっていきました。下まで滑ると、また滑りたくなったので、お父さんにお願いをして、もう1回リフトに乗りました。滑っている途中でドキドキがワクワクに変わるのが楽しかったです。また行きたいです。

　3学期にがんばりたいことは、勉強のまとめです。○年生になってから勉強したことをしっかりできるようになって、次の学年になりたいです。特に、漢字をがんばりたいと思っています。習った漢字を全部書けるようになりたいです。

　　　　　　　　　　　　　　　　　　　　　　　　　○年　　（名前）

(例2－高学年)

　お正月、家にたくさんの人が集まったことが冬休みの思い出です。遠くに住んでいてなかなか会えないいとこといっしょに将棋をしたり、外で羽子板をしたりしたことが楽しかったです。今度は夏休みに会う約束をしたので、今から楽しみです。

　3学期は、なわとびをがんばりたいです。去年、初めて二重跳びができたので、今年は二重跳びで20回以上跳べるようになりたいです。そのために、毎日、昼休みになわとびの練習をします。

　次の学年に向けての準備もがんばります。勉強はもちろん、掃除や委員会の活動では高学年として積極的に働きます。自分の仕事だけでなく、他の人の仕事を手伝ったり、気が付いたことをどんどんやったりしていきます。

　　　　　　　　　　　　　　　　　　　　　　　　　○年　　（名前）

---

3 学期終業式― 2 年児童代表の言葉

▷ **対象学年**……… 2 年生

　3 学期にがんばったことを、実演を交えながら発表する。

▷ **事前準備**

□ 1 ．代表の児童に 3 学期を思い出させ、原稿を作成する。

　　「物」があると聞き手を引きつけることができる。

　　例えば、 3 学期に作成した版画、 3 学期にできるようになったなわとびの技、など。

□ 2 ．式での動きや発表の位置など、練習し確認させる。

　　昼休みや放課後を利用し、声の大きさや立ち位置を確認させ自信をもたせる。

▷ **留意点**

・低学年の子は、多数の前で話すことは、初めて経験する場合が多い。練習時には「教えてほめる」を意識して指導する。間違えても大丈夫だと安心させる。

▷ **シナリオ例**

> 3 学きにがんばったことベスト 3
>
> 2 年○組　○○○○
>
> 　ぼく（わたし）が 3 学きにがんばったことをランキングにしました。はっぴょうします。
> 　だい 3 位、音読です。国語のべんきょうで長い話も読めるようになりました。かん字もたくさんならい、読んだり書いたりできます。
> 　だい 2 位、なわとびです。 2 学きまでは二じゅうとびが 3 回しかできなかったけど、 3 学きにはさい高で15回れんぞくでできました。やってみます。（じっさいにやってみる）そして、だい 1 位は九九です。『かけ算九九じゃく』をつかって、全ぶの九九を言えるようになりました。さかさ九九も、ランダム九九もできます。 9 のだんのさかさ九九を言います。聞いてください。（じっさいに言う）
> 　 3 年生になっても、べんきょうやうんどうをがんばりたいです。

始業式・終業式 1 ─ 2 ─ 18

3学期終業式─4年児童代表の言葉

▷ **対象学年**‥‥‥‥4年生

　一年間、学校行事を通して、自分が頑張ったことを話し、自分の成長したことを伝える。

▷ **事前準備**

□1．児童代表を各クラス決める。

□2．原稿を書かせる。

□3．事前練習を行う。

▷ **留意点**

・児童代表を決める際は、意欲的に取り組める立候補ジャンケンが望ましい。

・複数の発表がある場合は、テーマが重ならないようにする。

・事前練習では、①原稿を覚える　②下級生に伝わるようにゆっくり言う

　③強調したい言葉を強く言う　と聞き手に伝わりやすい。

　　　例「頑張ったことは**二分の一成人式です。**」（太字が強調）

▷ **シナリオ例**

なかまといっしょ

　私が4年生でがんばったこと。それは**二分の一成人式**です。

　私は合唱のパートリーダーとして、プレッシャーが重くのしかかりました。

　時々、「今回もちゃんと歌の練習を成功させられるかな？」「今回もリーダーとしてみんなをまとめられるかな？」と思いました。

　でもそんな時は、同じグループの友だちが私を支えてくれました。

　私はそこで改めてなかまの大切さを知りました。それからはなかまたちと楽しんでがんばり、合唱を成功させることができました。今回、私がパートリーダーになって感じたことは、なかまたちとがんばることの楽しさです。

　4月から高学年になります。5年生になってもみんなと楽しく頑張っていきたいです。

　　　　　　　　　　　　　　　　　　　4年○組　○○　○○

始業式・終業式 1 － 2 －19

始業式・終業式の全学年児童あいさつ一覧

 1 年

【1年―1学期終業式】

　1がっきにはたのしいおもいでがたくさんありました。1ばんのおもいでは、うんどうかいです。手にかわいらしいポンポンをつけて、1ねんせいみんなでおどったダンスやおうちの人といっしょになげたたま入れ、力いっぱい走ったぜんこうぜんいんリレーは、ほんとうにたのしかったです。1ばんうれしかったおもいでは、6年生のおにいさん、おねえさんがあさきょうしつにきて、え本をよんでくれたり、クイズをだしてくれたり、手あそびうたをおしえてくれたりしたことです。6年生のおにいさん、おねえさんのおかげで学校がとってもたのしくなりました。

　なつやすみにたのしみなことは、まいにちプールにいくことです。まいにちおよいで、25メートルおよげるようになりたいです。

【1年―2学期始業式】

　なつやすみにたのしかったことは、おねえちゃんとふたりでおじいちゃん、おばあちゃんのおうちにいったことです。きしゃにのっていきました。いままでおとうさんやおかあさんといっしょにいっていたけれど、はじめておねえちゃんとこどもだけできしゃにのっていったので、はじめはドキドキしました。えきでおかあさんとさようならをしてから、おねえちゃんとふたりでみずをのんだり、おかしをたべたり、おはなしをしたりして、すぐにえきにつきました。ついたらおじいちゃんとおばあちゃんがホームにいてくれてとってもうれしかったです。また、おねえちゃんとふたりでいきたいなあとおもいます。

　2がっきにいちばんがんばりたいことはかんじのおべんきょうです。たくさんれんしゅうしてじょうずにかんじをかけるようになりたいです。

【1年―2学期終業式】

　2がっきのおもいでは、がくげいはっぴょうかいです。1年生は、大きなかぶをやりました。ぼくは、はじめおじいさんやくになりたいなあとおもっていました。オーディションがあるので、おじいさんのセリフをいっしょうけんめいおぼえました。お

うちでもセリフのれんしゅうをしました。そして、オーディションの日がやってきました。ステージの上に立ってとてもきんちょうしました。でも、れんしゅうのように大きなこえをだして言うことができました。せんせいに「ごうかく」と言われたときはとてもうれしかったです。本ばんも大きなこえで言ってみんなにはく手をしてもらえてよかったです。

　ふゆやすみは、いとこのかぞくといっしょにスキーに行きます。ぼくは、はじめてスキーをやるのでドキドキしますが、たのしみです。

【1年―3学期始業式】

　ふゆ休みにたのしかったおもいでは、大みそかの日に、しんせきのおじさんのいえに行ったことです。おじさんのいえには、ぼくも入れて8人のこどもがあつまっていました。8人でいっしょにゲームをしたり、かくれんぼをしたり、はしりまわったりして、ずっといっしょにあそべたことがほんとうにたのしかったです。その日はこどもだけがあつまっておなじへやでねました。おそくまでおきていてもいいよと言われたけれど、とちゅうでねむくなってねてしまいました。つぎの日にたくさんお年玉をもらいました。すごくうれしかったです。また、しんせきであつまってあそんだり、さわいだりしたいです。

　3がっきにがんばりたいことは、にがてなひきざんのけいさんです。ゆびをつかわなくてもできるようにれんしゅうをします。

【1年―3学期修了式】

　3がっきをふりかえって、ぼくがーばんがんばったことは、らい年の一ねん生といっしょにあそんだり、べんきょうしたりしたことです。ぼくたちは、ずエでつくるおりがみのおりかたをおしえました。わかりやすくおしえられるように、なん回もれんしゅうしました。だから、ぼくたちがおしえたときに、「よくわかる」と言ってくれたときはとってもうれしかったです。そのあと、ーしょにおったかみひこうきをたいいくかんでとばすあそびをしました。このときも、どうやったらとおくにとばすことができるかをおしえました。すぐにおぼえてくれてうれしかったです。さいごに「ありがとうございます」と言われたとき、がんばってよかったなあとおもいました。

　4月からは2年生になります。おべんきょうも遊びもいっしょうけんめいがんばります。

【2年―1学期始業式】

　私の1学期のめあては3つあります。

　1つ目は、漢字の練習を毎日することです。お母さんから、2年生では1年生よりたくさんの漢字を勉強すると教えてもらいました。漢字をしっかり覚えられるように、毎日練習したいです。

　2つ目は、元気にあいさつをすることです。1年生のとき、私はあまり元気にあいさつができませんでした。でも、元気にあいさつをしてもらうと、とても嬉しくなりました。これからは、元気にあいさつしたいです。

　3つ目は、プールで「だるまうき」ができるようになりたいです。1年生の時、顔をつけることはできましたが、うくことができませんでした。だるまうきが10秒できるようになりたいです。

　この3つのめあてに向かって、がんばりたいです。

【2年―1学期終業式】

　ぼくの1学期の思い出は、「運動会のかけっこで1位になったこと」です。体育の時間に、先生に走り方を教えてもらいました。「スタートに集中する」「前をまっすぐ見て走る」「さいごまであきらめない」の3つです。運動会ではこの3つのことを守って走りました。すると、1位になることができました。本とうにうれしかったです。来年も1位になれるように、体育や外あそびをがんばろうと思います。

　もう一つは、「友だちがふえたこと」です。クラスがえがあって新しい友だちがふえました。また、1年生の友だちもできました。これからも、友だちをたくさんつくりたいです。

　明日から夏休みです。ぼくの夏休みのめあては「早くねること」です。できれば8時にはふとんに入りたいです。夏休みはあついのでよくねないと病気になりやすいそうです。しっかりねて、けんこうにすごしたいです。

【2年―2学期始業式】

　ぼくの夏休みの思い出は、プールに15回行ったことです。友達とたくさん水遊びをして楽しかったです。こんなに真っ黒に日焼けしました。それから15m泳げるようになりました。水えいきろく会では、もっといいきろくを出したいです。

今日から2学期です。2学期には学習発表会や持久走大会などの行事がたくさんあります。学習発表会で2年生は劇をするそうです。大きな声でセリフを言えるように練習します。持久走大会では、1年生のときよりも順位をよくしたいです。かけ算の勉強も始まるそうです。お父さんに、夏休みに少しかけ算を教えてもらいました。ちょっぴりむずかしそうだと思いました。先生や友だちと練習して、かけ算九九が言えるようになりたいです。

【2年─2学期終業式】

私が2学期にがんばったことは2つあります。

1つ目は、かけ算九九です。算数の時間や家での勉強で、「九九の助」を使って何回も練習しました。でも、7の段がなかなか合格できませんでした。あきらめそうになったけど、先生や友だちと一しょに練習して、合格することができました。かけ算九九は大切なので、忘れないようにします。

2つ目は、学習発表会のげきです。私は○○の役をしました。大きな声でセリフを言えるか心配だったけど、お母さんに「よく聞こえたよ」とほめてもらいました。みんなでげきをするのははじめてだったけど、協力してできたのでよかったです。

明日から、冬休みです。大みそかやお正月があります。健康に気を付けて、家族やおじいちゃんやおばあちゃんと一しょに新しい年を迎えたいです。

【2年─3学期始業式】

ぼくの冬休みの思い出は、家ぞくみんなではつもうでに行ったことです。夜にはつもうでに行ったのははじめてでした。たくさんの人がいてびっくりしました。おねがいごとはないしょです。ねむかったけど行ってよかったです。

今日から3学期です。ぼくはなわとびをがんばろうと思います。2月にはなわとび集会があります。あやとびを長く続けられるようにしたいです。八の字とびもあります。学級のみんなでれん習して、ゆうしょうしたいです。2学期にぼくはテストでかんたんな問題をまちがえることがありました。3学期には、あわてないでがんばって100点をたくさん取りたいです。

【2年─3学期修了式】

私の2年生での一番の思い出は、生活科の「私の成長発表会」です。お母さんに私

が赤ちゃんのころから今までの写真を見せてもらいました。その写真を使って自分の成長をまとめました。大きくなったことがわかってうれしかったです。

　私はこの1年間、毎日日記を書きました。4月のころは、毎日、何を書こうかなやんでいました。でも今では、その日のことを思い出して心にのこったことを書くことができるようになりました。2学期に、先生に「作文のコンクールに出してみませんか」と言われて、おうぼしました。コンクールに入選したことがとってもうれしかったです。作文ノートは5冊になりました。私の宝物です。

　春休みを終えると、3年生になります。社会や理科のべん強が始まります。教室が1階から2階になります。3年生も、べん強や運動をがんばりたいです。作文も毎日書こうと思います。

【3年—1学期始業式】

　3年生として、1年生、2年生に、たて割りせいそうでそうじのやり方を教えてあげたり、休み時間にいっしょに遊んであげたりしたいです。

　勉強でがんばりたいことは、算数です。わり算を習うのがとっても楽しみです。計算のし方をしっかりおぼえて、スラスラ問題がとけるようになりたいです。

　運動会では、4年生といっしょによさこいソーランにちょうせんします。4年生に教えてもらいながら、かっこよくおどれるように練習をがんばります。今からワクワクしています。

　クラス替えがあったので、早く新しい教室や先生に慣れて、同じクラスの人たちと仲良くなりたいです。なかよくなってたくさん遊んで、楽しい3年生にしたいです。

【3年—1学期終業式】

　社会科と理科は3年生になって初めて勉強しました。社会科の地図の勉強では、学校のまわりにある建物を絵で描いた後、「地図記号」を勉強しました。いろいろな建物や場所が、みんなにわかりやすい記号になっていることが分かりました。

　理科は、植物の勉強をしました。はじめは学校の周りにある花や草を調べました。形や色や大きさなど、虫めがねで観察しました。虫めがねでみると花の様子や葉っぱの様子がとてもよく見えておもしろかったです。

　夏休みにがんばりたいことは、プールで泳ぐ練習をすることです。授業で、もぐる

ことやけのびができるようになりました。夏休み中に練習して、クロールができるようになりたいです。もくひょうは、15メートルおよぐことです。

【3年―2学期始業式】

　ぼくは夏休みにお父さんと山に登りました。ちょう上に着いた時、フーッとさわやかな風がふきました。あつい日ざしの中で、一しゅん、あせがひいた気がしました。「気持ちいいなあ」と思って顔を上げると、目の前に海が広がっていました。「わあ、すいこまれそうないいけしきだなあ」と思わず声が出ました。そのすばらしいけしきをぼくはわすれないと思います。

　理科と社会は、3年生になって初めて勉強しました。はじめは「生活科ににているな」と思いましたが、1学期の最後には「全然違う」と思いました。2学期の社会科では、大きなお店の見学に行ったり、きょう土しりょうかんに行く予定です。理科では、豆電球で実験をするのが楽しみです。1学期よりももっといっぱい勉強して、がんばる2学期にします。

【3年―2学期終業式】

　11月の長なわ大会でぼくたちのクラスは最高記録を出しました。「朝れんや休み時間の練習をみんなでがんばってよかった」とガッツポーズをしながら思いました。いつも練習で声をかけながらとんでいましたが、なかなかうまくいかなくて言い合いになったこともありました。それでも、最後まであきらめずにみんなで協力してとんだので、最高記録を出せたのだと思います。

　勉強では、漢字テストで何回も100点を取ることができました。スラスラ書けるようになるまで何度も指で書いて練習しました。自信がない漢字は、家に帰ってからお母さんに問題を出してもらって練習しました。練習は大変だったけど、100点が取れたのでやったかいがありました。

　冬休みは、地域の子供会でもちつきをするのが楽しみです。総合的な学習の時間で昔の遊びを教えてくださった皆さんといっしょにおもちを食べたいと思います。

【3年―3学期始業式】

　ぼくは、冬休みに、生まれて初めて海からのぼるはつ日の出を見ました。お父さんに朝の4時に起こされて、お父さんが運転する車に乗りました。どこに行くのかお父

さんは教えてくれませんでした。1時間ぐらい乗っていましたが、外は真っ暗なので
どこを走っているのか分かりませんでした。だんだん眠くなってきて、寝てしまいま
した。「着いたぞ」とお父さんの声で起きると、「ザザーン」と波の音がしました。人
がいっぱいいましたが、お父さんが肩車をしてくれました。すごく風が冷たくて寒か
ったです。でも、少しずつ海から昇ってくる太陽を見ていたら、温かくなるような気
がしました。今まで見た太陽の中で一番大きくて、一番きれいな初日の出を見て、3
学期もがんばろうと思いました。

　3学期は、4年生に向けて、3年生で習った漢字を全部、スラスラ書けるようにな
りたいです。

【3年—3学期修了式】

　1年前には名前も知らなかった友だちと、今では毎日なかよく遊んでいます。クラ
スがえがあって、最初はすごく不安でした。「どんな先生かな、どんな友だちがいる
かな。」とドキドキしながら教室に行ったことをおぼえています。2年生で同じクラ
スだった友だちの顔を見て、ホッとしました。初めて同じクラスになった友だちとは、
勉強や運動会で協力することでなかよくなりました。学習発表会やなわとび大会もい
っしょにがんばりました。新しい友だちと出会えて、3年生の1年間は楽しい思い出
がいっぱいできました。

　4月からは4年生になります。小学校の半分が終わり、もう半分も一生懸命がんば
りたいと思っています。勉強が難しくなると思うけれど、なかよくなったみんなもい
っしょなので、がんばれると思います。これからも楽しい思い出をいっぱい作りたい
です。

【4年—1学期始業式】

　3年生までは、お兄さん、お姉さんのほうが多かったです。でも、4年生になると、
下級生の方が多くなります。1年生、2年生、3年生にとってやさしくたよりがいの
あるお兄さん、お姉さんになりたいです。今までは、おせわになっていたたてわり班
ですが、今年の活動は、しっかりがんばりたいと思います。

　4年生になって楽しみなことは、クラブ活動です。3年生のとき、クラブ見学でい
ろんなクラブがあるのを知りました。どのクラブも楽しそうでした。自分が入りたい

クラブがたくさんありまよってしまいます。どのクラブでがんばるか、よく考えて入りたいと思います。5年生、6年生といっしょに活動するのも楽しみです。

【4年―1学期終業式】

　1学期、楽しいことがたくさんありました。初めてのクラブ活動では、5年生、6年生といっしょにいろいろな活動をしました。5年生、6年生の人たちが、やさしく声をかけてくれたり、てきぱきと準備や片付けをしたりしていて、私も「あんなやさしく、たよりがいのある高学年になりたい」と思いました。

　がんばったこともたくさんあります。体育で水泳の学習では、平泳ぎをがんばりました。手足の水のかき方、息つぎの仕方などくり返しも練習しました。もっともっと練習して上手になりたいです。夏休みのプール開放にも行って練習します。

　夏休みは時間がたくさんあります。プール開放の他にも、図書開放や家の近くの図書館に行って、たくさんの本を読みたいです。

【4年―2学期始業式】

　わたしの夏休みの思い出は、キャンプをしたことです。家族や親せきの人と行きました。炭に火をつけてバーベキューをしました。はじめ、なかなか炭に火がつきませんでした。火種（ひだね）になるものを準備したり、うちわであおいだりして、やっと火をつけることができました。火をつけることのむずかしさを体験しました。がんばってつけた火で焼いたお肉はとてもおいしかったです。

　夜には、きれいな星空を見ました。4年生の理科でちょうど星の勉強をしていたので、習った星座をさがしてみました。はくちょう座やこと座や夏の大三角を見つけることができました。空いっぱいに見える星は本当にすてきでした。

　二学期がんばりたいことは、運動会や学習発表会です。運動会では、応援団に立候補して、みんなのために応援したいです。学習発表会では、3年生の時より上手になったリコーダーの合奏をみんなに聞かせたいと思います。運動会も学習発表会もみんなで力を合わせてがんばります。

【4年―2学期終業式】

　私にとって今年の2学期は毎日がちょうせんの連続でした。たとえば、大きな数のわり算の筆算はとても大変でした。でも先生の「習ったとおりにすれば必ず答えにた

どり着く」という言葉のとおりがんばって、とてもよい点数を取ることができました。つぎは、学芸会のげきで、長いセリフのある役にちょうせんしました。3 年生までは大きな声を出す自信がなくて短いセリフの役を選んでいました。でも 4 年生になって暗唱を始めて、人前で大きな声を出す経験を積んだおかげで、学芸会でもお客さんを見て堂々とせりふを言うことができました。

　ちょうせんは、きんちょうしますが、上手くいくと大きな自信になることが分かりました。またつぎにちょうせんすることをみつけてがんばります。

【4 年―3 学期始業式】

　私が 3 学期にがんばりたいことは、2 つあります。一つ目は、4 年生の勉強の復習です。4 年生になったばかりのころは漢字を覚えるのが大変でした。先生から教えてもらった練習方法を続けて、今では漢字の練習が好きになりました。1 年間の漢字まとめテストでは100点を取りたいです。二つ目は、最後まで友達と仲良くすることです。4 年生になってから37人全員で遊ぶようになって、男女関係なく話しをするようになりました。授業も休み時間も全部が思い出になると思って 3 学期を過ごします。この 2 つのことをがんばって、最後まで楽しい学校生活にしたいです。

【4 年―3 学期終業式】

　4 年生になって学校が楽しくて、みんなと会えない休みの日がつまらなくて、長く感じるようになりました。また、4 年生になって勉強を自分からしたいと思うようにもなりました。4 年生になって初めてとび箱で開きゃくとびができるようになりました。漢字テストも連続で100点を取りました。私は、みんなへの感謝の気持ちでいっぱいです。先生からも「毎日、元気にがんばったね」と笑って言ってもらいました。楽しかった 4 年生は今日で終わりです。少しさみしいけれど、4 年生での楽しい経験が、5 年でもきっと役立ち、さらに楽しくなると信じています。

【5 年―1 学期始業式】

　今日から 5 年生としての生活が始まります。高学年の一員として頑張っていきたいと思います。1 学期の間にぼくが頑張りたいことは 3 つあります。1 つ目は下級生に優しくすることです。入学したばかりの 1 年生に優しくしてあげたいです。2 つ目は

友達との協力です。5年生はもうすぐ宿泊学習があるので、友達と協力できるように頑張りたいです。3つ目は、勉強です。先生の話をよく聞いて授業を受けたいです。この3つを頑張る時に、もしかしたら間違えたり失敗したりすることがあるかもしれません。電球を発明したエジソンは、何度失敗しても実験を繰り返したと本で読んだことがあります。私も失敗を恐れず、学校をリードできる高学年として、楽しい1学期になるように頑張ります。

【5年―1学期終業式】

　1学期で1番の思い出は運動会です。5年生として、表現運動のくふうをしたり、学級でみんなと協力して大玉転がしをしたりとよい経験ができました。ぼくは運動会があまり好きではありませんでした。足が遅くて、いつも徒競走では1位になれなかったからです。でも、マザーテレサさんの「大切なことは、どれだけたくさんのことや偉大なことをしたかではなく、どれだけ心をこめたかです」という言葉を知って、考えが変わりました。1位をとったり、運動会で勝ったりすることは偉大なことですが、練習に心をこめることも大切だと思えるようになったからです。運動会での経験や友だちとの絆を2学期にも生かしていきたいと思っています。

【5年―2学期始業式】

　楽しかった夏休みも終わり、今日から新学期のスタートです。2学期は、学習発表会や遠足など大きな行事がたくさんあります。楽しみな反面、責任が果たせるか、少し不安もあります。でも、私はあの野球選手でメジャーリーガーであるイチローさんの次の言葉を思い出しながら頑張ろうと思っています。その言葉とは「嫌なことをやれと言われてやれる能力は、あとで必ず生きてきます」というものです。その時の自分が嫌なことでも、頑張ってやろうとすれば、その努力はきっと将来生きていく力につながるのだとイチローさんは言いたいのだと思います。

　私は、この2学期、掃除当番のような毎日の活動にも力を入れようと思っています。もちろん、学習にも前向きに取り組みます。嫌なこと、苦手なことから逃げることなく、友達と楽しく頑張ります。

【5年―2学期終業式】

　長かった2学期を振り返ると楽しい思い出がたくさんありました。みんなで一生懸

命に練習して、成功した音楽会。きれいなハーモニーを奏でることができました。遠足は、途中で歩くのがつらくなってしまったけど、目的地で食べたお弁当の美味しさに疲れがふっとびました。

　明日から、冬休みに入ります。私は冬休み中に頑張りたいことがあります。それは大掃除です。自分の家の1年の汚れを落とし、新しい年を迎えられるようにしたいと思っています。学校でいつも取り組んでいる掃除当番の経験を生かすことができます。教室や廊下など普段自分たちが使っている場所をきれいにすることは使い方にもつながります。学校で得たこうした学びを自分の家でも生かし、有意義な冬休みにしたいと思っています。

【5年―3学期始業式】

　新年あけましておめでとうございます。新しい1年が始まります。そして、3学期のスタートです。3学期は、1年で1番短い学期です。私はこの短い期間を大切に過ごしていきたいと考えています。冬休みに、日本の元ラグビー選手で元ラグビー日本代表監督である平尾誠二さんの言葉に出会いました。「時間って命の一部なんですよ。」私はこの言葉を聞いて、時間を大切にするからこそ、有意義に過ごせるのだと思いました。1年間の学習のまとめ、学級でのお楽しみ会の企画など3学期には大切にしたい活動がたくさんあります。油断しているとあっという間に卒業式や修了式になってしまいます。短い3学期を悔いなく過ごせるように一瞬一瞬を大切に過ごしていきたいです。

【5年―3学期修了式】

　5年生の1年間を振り返ると楽しい思い出がたくさんあります。特にクラスのみんなで宿泊し、色々なことに挑戦した林間学校では、クラスの団結力が高まったと思います。自分ができることも増えました。4年生までは跳び箱が苦手でしたが、5年生になって初めて跳ぶことができるようになりました。どんなに苦手なことも努力すれば、できるようになるということを学ぶことができました。6年生の皆さんが卒業し、いよいよ4月からは私たちが最高学年になります。この1年間、6年生の皆さんが1年生のお世話をしたり、全校行事でリーダーとして活躍したりする様子を見てきました。次は、私たちが、そんな6年生になれるよう頑張っていきたいと思います。学校をリードできる最高学年になれるよう努力していきます。

6年

【6年―1学期始業式】

　いよいよ最高学年の6年になりました。私たちの最初の仕事は、1年生のみなさんをお世話することです。入学式の日にもかわいい1年生とお話して、お手伝いできることがとてもうれしかったです。1年生が、この学校を大すきになってくれるように、しんせつにしたいです。もちろん、1年生だけでなく、下級生みんなともなかよくなりたいです。

　もうひとつがんばりたいことは、クラスのみんなと最高のクラスをつくることです。6年間、一緒にすごしてきたので、6年生は、みな仲がいいです。今年もたくさんの行事をこの仲間でやりとげていきます。3クラスのどのクラスも最高のクラスを目指していけば、最高の学年になると思います。毎日を楽しく、一日一日を大切に送っていきたいと思っています。

　1つ目は、下級生のお手本になることです。委員会を通して学校をよくするために行動すること、クラブを通してメンバーをまとめる姿のお手本を、下級生に見せたいです。そして、○○小学校をよりよい学校にしていきたいです。

　2つ目は、最高学年である6年生は、来年3月に○○小学校を卒業します。クラスのみんなとよい思い出をたくさんつくり、最高の卒業式を迎えたいです。

　1年間この2つをがんばります。

【6年―1学期終業式】

　1学期は、放送委員会の仕事で、登校や下校の放送や昼の放送など、全校に関わる活動をがんばってきました。全校のみなさんが楽しんでくれる放送について話し合ったり、それにふさわしい話し方を考えたりすることが勉強になりました。そうした委員会での活動は、毎日の生活の中で、とても大切な時間になりました。近所の下級生に、「お兄ちゃんの声がわかったよ。」と言われてうれしかったです。みんなが聞いてくれていることが分かりました。

　クラスのみんなとも、楽しい思い出ができました。1番の思い出は、遠足です。歩く距離が長く疲れましたが、みんなで声をかけながら最後まで歩くことができ、到着した時はとてもうれしかったです。一人では、とても頑張れないと思いました。一緒にがんばることを実感できて、良かったです。

第1章

❷ 始業式・終業式

【6年―2学期終業式】

　この2学期は、「仲間」を意識できた2学期でした。学芸会では、自分で演技を工夫するだけでなく、友だちのいいところを見つけ合い、時には改善点も相談しあって、全員で劇を作り上げました。友だちの演技の良いところを見つけているうちに、自分の演技も変わっていくことが分かりました。グループに分かれ練習することもありました。他のグループがどんどん工夫していき、ぼくたちのグループもさらに工夫のアイデアがわきました。本番の劇は、家の人たちにも「とてもよかったよ。」と言われ、全校のみんなからも「感動した。」と言ってもらえて、本当に嬉しかったです。冬休みが終われば、卒業まであっという間です。この仲間たちと悔いのない日々を過ごせるよう大切に過ごしていきたいです。

【6年―3学期始業式】

　今日から始まる3学期は、中学校生活への最終準備だと思っています。私はこの冬休み、どうすれば立派な中学生として卒業式を迎えられるか考えてみました。そんな時ヒントになったのがバレーボール少年団の活動で監督から言われた次の言葉です。「当たり前のことを当たり前にやり続ける人こそ本当の強さを持っている」1学期、2学期と最高学年として、私たちは頑張ってきました。1年生のお世話、児童会活動、縦割り班集会、掃除当番、給食当番など、最高学年としてお手本となれるように頑張りました。私はそんな当たり前のことを、卒業までちゃんとやり続けることが、立派な中学生につながると思いました。最後まで手を抜くことなく、今までやってきたことをコツコツと頑張り、大切な日々を過ごしたいと思っています。

着任式・離任式・対面式 1 ― 3 ―20

着任式―児童会長あいさつ

▷ **対象学年**………児童会長・児童代表（6学年）

　着任教諭と全校児童が今後の学校生活で円滑にコミュニケーションが取られるように印象に残る演出をする。

　全校児童が着任教諭の顔と名前を知り、歓迎する。

▷ **事前準備**

□1．着任式での児童会長・児童代表の言葉は事前に書かせ、敬語など確認しておく。

□2．担当児童に、着任式での動きや発表の仕方を練習しておく。

▷ **留意点**

・児童のあいさつ原稿は教師が内容を確認し、発表できるか前日には確認する。

▷ **シナリオ例**

司会者　「次は全校児童を代表して、〇〇小学校児童会長（児童代表）の挨拶です」

　　※児童会長（児童代表）はステージに上がり、マイクの前で、一礼する。

歓迎のことば

「新しく〇〇小学校にいらっしゃった先生方、初めまして。

　私は〇〇小学校児童会長の□□です。（〇年□□です。）

　ようこそ〇〇小学校へ。

　　〇〇小学校の子どもたちは、元気いっぱいです。休み時間は、校庭でたくさん遊んでいます。一緒に遊んで下さったり、声をかけて頂いたりできたらうれしいです。

　　新しい学年のはじまりに、先生方をお迎えし、これからの学校生活をさらに楽しく送りたいと思います。

　　最後になりますが、新しい学校で、もし教室を探したり、分からないことがあったりした時には私たちに聞いてください。これからどうぞよろしくお願いします。

　　　　　　　　　　　　　　〇〇小学校児童会長（児童代表）　□□

※一礼してステージを降りる。

着任式・離任式・対面式 1 ― 3 ― 21

着任式 ― 6 年児童代表の言葉

▷ **対象学年**‥‥‥‥ 6 学年

　新しく着任した先生方に児童代表としてあいさつする。

　歓迎の気持ちと学校の紹介を発表させる。

▷ **事前準備**

□ 1．原稿を書かせ、チェックする。＊敬語の使い方等

□ 2．学級で練習させる。

□ 3．なるべく原稿を見ないで、発表できるようにする。

▷ **留意点**

・式での動きや、発表する位置などを確認・リハーサルしておく。

▷ **シナリオ例**

　　かんげいの言葉

　　　　　　　　　　　　　　　　　　　　　　　　6 年　○○　○○

　○○○○校長先生、○○○○先生、○○○○先生、

　ようこそ○○小学校へいらっしゃいました。

　○○小学校は、全校児童が100名の小さな学校です。学校の自慢は子どもたちの仲がよいことです。1年生から6年生までのたてわり班で、ハイキングや給食、昼遊びなどをしています。また、週に3回、たてわり掃除をして、たてわり班のみんなで協力して掃除をしています。

　地域はのどかで、まわりには自然がたくさん残っています。私たちはやさしい方々に見守られながら毎日安心して学校に通ってくることができます。

　先生方もはやく学校や地域になれていただき、たてわりハイキングや昼遊びを一緒に楽しんでください。

　先生方と勉強したり、遊んだりすることがとても楽しみです。

　どうぞ、よろしくお願いします。

着任式・離任式・対面式 1―3―22

着任式―教師自己紹介

▷ **対象学年**………教師

　着任式では、他にも着任する教師がいる場合があるので、短くインパクトの残る挨拶をするために、モノを用意して、自己紹介する。

▷ **事前準備**

☐１．自分の特技を一つ決める。

☐２．特技に関するモノを一つ用意する。例　野球ボール

☐３．特技に関するモノと類似のモノを用意する。

　　例　【自分の特技】野球　　【モノ】野球ボール

▷ **留意点**

・モノを用意する。

・子どもにも手を挙げさせるなど、活動を入れる。

・言いたいことを一つに絞る。（特技など）

▷ **シナリオ例**

　1　前任校と名前を言う。

○○小学校から来ました○○○○です。

　2　先生の好きな○○（特技に関するモノ）は何でしょうか？と聞く。

先生の好きなボールはどれでしょうか？

　3　類似するモノと特技に関するモノを見せる。

テニスボール。

そして・・（野球ボールを見せながら・・）野球ボール。

　4　どちらが好きか問う。

テニスボールだと思う人？（ほとんど手は挙がらない）

野球ボールだと思う人？⇒強く言う（ほとんど手を挙げる）

　5　自分の特技と名前を再度言う。

そう！野球が好きな○○○○先生です。どうぞよろしくお願いします。

着任式・離任式・対面式 1 — 3 — 23

離任式—進行シナリオ・児童代表の言葉

▷ **対象学年**………5 学年・児童代表＊実施の時期による。

　離任する先生に向けて感謝の気持ちを込め、児童代表があいさつする。

▷ **事前準備**

□ 1．シナリオの印刷と児童会長への配付

□ 2．花束を渡す役割児童を離任する先生の人数分決めておく

▷ **留意点**

・次年度の児童会長（5 年）か児童代表があいさつをする。

・事前の休み時間にマイクで話す練習と花束を渡す児童の立ち位置を決めておく。

・進行は教師が行う。

▷ **シナリオ例**

〈進行は教師が行う〉

進行　「これから・・小学校を離任される先生方の離任式を行います。」
　　　「離任される先生方はステージにお並びください。」

進行　「離任される先生方のご紹介です。校長先生にご紹介していただきます」
　　　※校長より離任者の紹介をしてもらう。

進行　「離任される先生方にご挨拶をいただきます。」
　　　※一人ずつマイクで全校児童に向けてお話をしていただく。

進行　「ここで児童を代表して、〇〇さんに挨拶をしてもらいます。」
　　　※児童会長（児童代表）ステージ中央へ。離任される先生方の方を向いて一礼。

児童あいさつ例

　　　〇〇小学校を離任される先生方、今まで本当にお世話になりました。
　　　A 先生は休み時間にたくさん遊んでもらいました。とても楽しかったです。
　　　B 先生はピアノが上手で、全校合唱のときに伴奏して頂きました。
　　　C 先生にはクラブ活動で楽しい工作を教えてもらいました。
　　　先生方との思い出はたくさんあります。先生方に教えていただいたことを胸に、私たち
　　　もがんばります。先生方も新しい学校で、頑張って下さい。
　　　どうぞ、お元気で。さようなら。」
　　　※挨拶の後に一礼。挨拶後に花束を渡す役の児童がステージへあがり渡す。

進行　「離任される先生方が退場されます。皆さんでアーチをつくって見送りましょう。」
　　　※学年 2 列になり両手アーチをつくってその間を通って退場してもらう。

進行　「これで離任式を終わります。」

着任式・離任式・対面式 1—3—24

離任式—5年児童代表の言葉

▷ **対象学年**………5学年

　離任する先生方に向けての児童代表のあいさつである。先生方との思い出と感謝の気持ちを発表させる。

▷ **事前準備**

□1．原稿を書かせ、チェックする。＊敬語の使い方等

□2．学級で練習させる。

□3．なるべく原稿を見ないで、発表させる。

▷ **留意点**

・式での動きや、発表する位置などを確認・リハーサルしておく。

▷ **シナリオ例**

あいさつ文例

　　　　お別れの言葉

　　　　　　　　　　　　　　　　　　　　5年　○○　○○

　今日は、とてもさみしい日です。先生方とお別れしなければならないからです。

　○○先生には、○年間お世話になりました。（思い出などを挿入する）ほんとうにありがとうございました。＊人数が少なければ一言ずつエピソードを言う先生方と過ごした思い出では、いつまでも忘れません。これからも、○○小学校のことや、私たちのことを忘れないでください。私たちも先生方に教えていただいたことを大切にして、よりすばらしい自分、よりすばらしい○○小学校にするために、がんばります。

　今まで本当にお世話になりました。感謝の気持ちでいっぱいです。

　つぎの学校でも、お元気でお過ごしください。ありがとうございました。

思い出例

・先生にはノートに大きな○をたくさんつけていただきました。

・昼休みはいつもおにごっこをして遊んで下さいました。とても足がはやくてこまりました。

・お花の名前をたくさん知っていて、教えて下さいました。

1年生を迎える会Ⅰ―全校

▷ **対象学年**………全校（1～6年生）

1年生を全校の仲間にあたたかく迎え入れる場とする。

全校のリーダーである6年生の活躍の場とし、6年生が進行する。

▷ **事前準備**

□1．学年発表の内容が重ならないようにする。（例）先生・行事・学校生活紹介

□2．1年生の入退場の際は、6年生が一緒に手をつなぐ。事前にペアを決める。

□3．1年生の自己紹介は基本型を与え、事前練習をしておく。

【準備物】①マイク②入退場のＣＤ③各学年の発表で使うもの　【場所】体育館

▷ **留意点**

◆プログラム

①1年生入場　②始めの言葉　③各学年の発表（2～6年）

④1年生自己紹介と発表　⑤校長先生のお話　⑥終わりの言葉　⑦1年生退場

▷ **シナリオ例**

①（　　　）1年生が入場します。みなさん音楽に合わせて拍手をしましょう。

②（　　　）これから1年生を迎える会を始めます。はじめの言葉です。

　（　　　）さんお願いします。

③（　　　）次に各学年の発表に移ります。

　（　　　）2年生お願いします。ありがとうございました。

　　　　　以下、各学年発表で進行する。

【実践報告―学年発表の様子】

　6年生が運動会の紹介をした。1年生と対戦形式で「玉入れ」「綱引き」を行った。途中までは接戦を演じ、最後は1年生に花を持たせる展開だった。勝った1年生は大喜び。6年生は1年生をたたえ、6月の運動会も一緒に頑張ろうとエールを送った。

④（　　　）次は1年生の自己紹介と発表です。1年生のみなさんお願いします。

【1年生自己紹介―ぼく（わたし）の名前は〇〇〇〇です。好きな△△は□□です。よろしくおねがいします。】

⑤（　　）校長先生のお話です。ありがとうございました。

⑥（　　）最後に終わりの言葉です。（　　）さん、お願いします。

⑦（　　）1年生が退場します。拍手で送りましょう。

【6年生は1年生教室まで手をつないでいく】

１年生を迎える会Ⅱ―６年生の言葉

▷ **対象学年**………６学年

　入学した１年生を全校であたたかく迎える。

　６年生として、行事に取り組み、全校のリーダーとしての心構えをもつ。

▷ **事前準備**

□１．６年生の代表児童を決める。（立候補で、意欲を大切にする。）

□２．代表の児童と、原稿を作成する。

　　例となる原稿（昨年度のものや本シナリオ等）をもとに、児童と相談しながら作

　　成する。

□３．体育館で、本番通りに練習させる。

　　昼休みや放課後を利用し、声の大きさや、立ち位置を確認しながら練習をさせる。

▷ **留意点**

・代表の児童を決める際は、声の大きさを基準にオーディションを行うとよい。

・言葉を練習させる際は、原稿に丸を10個書かせ、１回練習するたびに色を塗らせる

　と意欲的に練習するようになる。

▷ **シナリオ例**

> シナリオ
>
> 　１年生の皆さん、ご入学おめでとうございます。
>
> 　皆さんが入学してくる日を、みんなでずっと待っていました。
>
> 　○○小学校の先生は、とても優しい先生ばかりです。
>
> 　学校の勉強は、とても楽しいです。
>
> 　友達と遊ぶ休み時間も、とても楽しいです。
>
> 　学校のことで、何か困ったことがあったら、わたしたち６年生に相談して下さい。
>
> 　すぐに助けにいきます。
>
> 　１年生の皆さんと、早く仲良くなれることを楽しみにしています。
>
> 　　　　　　　　　　　　　　　　　　　　　　　　　　　　６年生代表　○○○

着任式・離任式・対面式 1 ― 3 ― 27

新入生を迎える会（小中併設校）

▷ **対象学年**………小学校1.6年、中学生1.3年生

・4月に入学した新入生をお祝いする。

・ゲームを通して、全校児童生徒で触れ合う。

▷ **事前準備**

□1．自己紹介の準備は、各学級で行う。

　　　学年、名前、好きなこと

□2．じゃんけん列車のＣＤ

□3．ソフトバレーボール

□4．タンバリン

▷ **留意点**

・仲間集めゲームの後に自己紹介があるが、話すのが苦手な子供のために、事前にカードを書かせて、持たせても良い。

▷ **シナリオ例**

◆プログラム

1	新入生入場	6	新入生代表の挨拶
2	開会の言葉	7	じゃんけん列車
3	校長先生のお話	8	仲間集めゲーム
4	歓迎の言葉	9	ボール送りゲーム
5	新入生の紹介	10	閉会の言葉・新入生退場

（　　　）新入生が入場します。大きな拍手で迎えましょう。

（　　　）開会の言葉です。＿＿＿＿＿＿さん、お願いします。

（　　　）ありがとうございました。
　　　　　次は、校長先生のお話です。校長先生お願いします。

（　　　）ありがとうございました。次は、歓迎の言葉です。
　　　　　児童生徒会長、＿＿＿＿＿＿さん、お願いします。

（　　　）次は、新入生の紹介です。小学生学級からお願いします。

（　　　）ありがとうございました。
　　　　　次は、中学生のみなさん自己紹介をお願いします。

中学生のみなさんはステージにあがって下さい。

（　　　）ありがとうございました。中学生の皆さんは席に戻って下さい。

（　　　）次は、新入生代表の挨拶です。

＿＿＿＿＿＿学級さん、

＿＿＿＿＿＿学級さんお願いします。

（　　　）次は、全員でレクレーションをします。新入生のみなさんと一緒に楽しんで、もっと仲良くなりましょう。

ゲームは、じゃんけん列車、仲間集めゲーム、ボール送りゲームをします。

（　　　）これから、じゃんけん列車をします。曲が止まったら、じゃんけんをして、負けた方が勝った方の後ろにつながります。最後の1人になるまで行います。

（　　　）児童生徒の皆さんは起立して、広がって下さい。

（　　　）（最後のじゃんけんが終わったら）優勝おめでとうございます。名前を教えて下さい。

（チャンピオンの人に名前を言ってもらう。）みなさん拍手をお願いします。

これでじゃんけん列車を終わります。

文化的行事

▶平素の学習活動の成果を発表し，自己の向上の意欲を一層高めたり，文化や芸術に親しんだりするようにすること。

(新学習指導要領—特別活動の内容より)

学習発表会 1 年生（暗唱・歌など）

▷ **対象学年**⋯⋯⋯ 1 学年

①日常の学習活動の成果を発表し、意欲的に創造活動に取り組む機会をもたせる。

②表現する喜びを経験させ、個性や想像力を伸ばす。

▷ **事前準備**

□ 1 ．呼びかけ部分の担当を決める。

□ 2 ． 1 学期後半から、音楽や国語、体育で、計画的に歌、暗唱、ダンスなどの練習に取り組んでおく。

□ 3 ．伴奏をできる子がいたら、 1 学期のうちに依頼する。

▷ **留意点**

・大きな声で表現できるように、日常の学習で取り組んでおく。

▷ **シナリオ例**

```
◆プログラム
・「のはらで手をたたけ」（歌）       ・「どんなひとがすきですか」（歌）
・「かずかぞえうた」（暗唱）         ・「あいうえお」であそぼう（暗唱）
・「風の又三郎」（暗唱）            ・「勇気100％」（歌）
・よびかけ（話す聞くスキルをアレンジしたもの）
・ダンス
```

☆「のはらで手をたたけ」（うた）※手拍子を付けて歌う

```
 1 （      ）○○しょうがっこうににゅうがくして 7 かげつ。
 2 （      ）たくさんのともだちができました。
 3 （      ）ともだちはたからものです。
☆「どんなひとがすきですか」（合唱）
 4 （      ）おべんきょうもまいにちいっしょうけんめいがんばっています。
 5 （      ）さんすうなんか、とってもかんたん。
◎「かずかぞえうた」（暗唱）
 6 （      ）かんぺきすぎてこまっちゃう。
 7 （      ）ひらがなだってもうぜんぶおぼえちゃった。
◎「あいうえお」であそぼう（暗唱）
```

8　（　　　）　なんだかおなかがすいてきちゃった。

9　（　　　）　でもこれだけじゃないんだよ。

10　（　　　）　おんどくだってたのしくくふうしてできるよ。

◎「かぜのまたさぶろう」みやざわけんじ（群読）

※ 3 〜 4 グループに分かれて、「追いかけ読み」をする

11　（　　　）　なんでもできる、スーパー 1 ねんせい。

12　（　　　）　ゆうきがどんどんわいてきます！

☆「ゆうき100％」（合唱）

12（　　　）　1 ねんせいのはっぴょうが	13（　　　）　もうおわってしまうなんて	
全員　　　おどろきもものきさんしょのき		
14（　　）　ぼくたち	15（　　　）　わたしたちのはっぴょうが	
16（　　）　じょうずだったかって		
全員　　　あたりきしゃりきよくるまひき		
17（　　）　おとうさん	18（　　　）　おかあさん	
19（　　）　おじいちゃん	20（　　　）　おばあちゃん	
21（　　）　きょうはみにきてくれて		
全員　　　ありがたいならいもむしゃくじら		
22（　　）　こんなにいいこに	23（　　　）　せいちょうしたから	
24（　　）　しんぱいしなくて	25（　　　）　だいじょうぶ	
全員　　　うそをつきじのごもんぜき		
26（　　）　いっぱいあそんで	27（　　　）　もりもりべんきょう	
28（　　）　これからもがんばるぞ！		
全員　　　おそれいりやのきしもじん		
29（　　）　だからもっとおこづかい	30（　　　）　あっぷしてください	
全員　　　そのてはくわなのやきはまぐり		
31（　　）　これからもおうえんよろしくね		
全員　　　おっとがってんしょうちのすけ		
32（　　）　きゅうしょくとうばんも	33（　　　）　おそうじも	
34（　　）　なんだってうまくなった	35（　　　）　おてつだいもまかせて	
全員　　　なにかようかここのかとおか		
36（　　）　これからもっともっと	37（　　　）　かんじだっておぼえる	
38（　　）　むずかしいけいさんも	39（　　　）　あきらめないでがんばる	
40（　　）　なにからなにまでがんばるぞ		

全員なにがなんきんとうなすかぼちゃ

☆ダンス（割り当てられた時間によっては、カットしてもよい）

学習発表会 3 年生（劇・暗唱・歌など）

▷　**対象学年**········ 3 学年（他学年応用可）

①日常の学習活動の成果を発表し、意欲的に創造活動に取り組む機会を持たせる。

②表現する喜びを経験させ、個性や想像力を伸ばす。

▷　**事前準備**

□ 1．オーディションを行い、配役を決定する。

□ 2．音楽や国語、体育の授業で、発表にふさわしい歌や器楽、暗唱、なわとび運動、
　　　ダンスなどの取組を日常的に行っておく。

▷　**留意点**

・家庭で用意してもらう衣装は、早めに（配役が決まり次第）保護者へ連絡する。

・場面ごとに練習できるように、王子役は複数で行う。また、教師間で、場面の担当
　者を決めておく。

▷　**シナリオ例**

場面 1　　　　＊ナレはナレーター

（ナレ）むかーし、むかし。あるところに、ある王国がありました。

（ナレ）どこにでもある、ふつうの王国の、ふつうの国みんたち。
　　　　しかし、ひとつだけ、ふつうとちがうところが、あったのです。

（ナレ）それは、その国の王子が、生まれてから、1 ども、かんどうせず、いつもふきげんそ
　　　　うにしている「びっくりしない王子」だということです。

◎ナレーターの退場とともに幕が開く。

（王子）毎日、毎日、つまんないなあ～。何か、わたしを、びっくりかんどうさせてくれるも
　　　　のは、いないかなあ。

（大臣）王子、きのうの『ふく山まさはるけっこんのニュース！』
　　　　あれは、びっくりしましたね！

（家来）（うんうんとうなずいたり、話したりしている）

（王子）いやいや、べつに。ふく山せだいには、きょうみないし・・。

（家来）（ピタッと動きが止まる）

（大臣）では、『ラグビー日本代表五郎丸選手の活躍！』あれ、すごかったなあ～。

（家来）（「そうだったよね～」「びっくりした」などと顔を見合わせ話す）

（王子）いやいや、ラグビーなんか興味ないし・・・。

（家来）（ピタッと動きが止まる）

（王子）あ〜あ、つまんなあ〜。あ〜、つまんない。あ〜、つまんない。

（機嫌が悪そうに、退場する）

※『　』の大臣の話す話題は、その年に流行ったものや大きなニュースにする。

場面 2

（家来）なんか、あれじゃあ、まわりの空気が、くらくなっちゃうよね〜。

（大臣）だれか、王子をびっくり、かんどうさせられるものはいないのか。

（大臣）国みんの中でも、だれでもよいぞ。

（大臣）このままじゃ、あの、きげんのわるさとわがままに、王室内は、みんな、つかれはててしまうぞ。

（大臣）アイディアのあるものは、いそいでじゅんびするように。（退場する）

（家来）（順番に腕組みをしながら考え始める）

（家来）王子もさあ〜、人が、がんばってるのを見たら、「すごいね！」とか言ってくれればいいのにね。

（家来）「ありがとう」って言ってくれたり、ニコニコしてくれれば、まわりのみんなが、気ぶんいいのにね。

（家来）そうしたら、王子のおせわも、よろこんでするのに・・・。

（家来）よし！こくみんの中から、とくぎをみがいてがんばっている、小学生でもつれてきて、王子の心をうごかそうよ！

（家来）それ、いいね！そうしよう！そうしよう！

◎暗転し、退場する。

場面 3

（王子）あ〜あ〜、きょうも、つまんない 1 日になりそうだなあ。

（大臣）王子、本日、大成小学校の 3 年生をつれてきました。

（大臣）このものたちは、ふだんから、すきなことにうちこみ、とくぎをみがいているようでございます。

（子供）王子、こんにちは、○○小学校の 3 年生です。
　　　　私たちは、王子をびっくりかんどうさせる、とくぎをもっています！！

◎なわとびチームが舞台に上がってくる。

（子供）わたしたちの「なわとび」を見てください。

（子供）まずは、あや跳び。（実演する）

（子供）つぎに、こうさとび。（実演する）

（子供）色々なわざを見てください。（二重跳びなど得意な技を披露する）

（王子）ほほ〜？なんだ？そんなとび方もあるのか・・・？？

（なわとびチーム退場）

◎鍵盤ハーモニカチームが舞台に上がる

（子供）王子、ぼくたちは、けんばんハーモニカがとくいなんです！！

（子供）まずは、カエルのうた　さんはい！（演奏する）

（王子）おお？りんしょうだな？

（子供）つぎにカッコー　さんはい！（演奏する）

（子供）つぎにアンパンマンのマーチ　さんはい！（演奏する）

（王子）お～、ずいぶん、むずかしいきょくもひけるんだなあ・・・。（鍵ハチーム退場）

◎暗唱チームが舞台に上がる

（子供）王子、ぼくたちのあんしょうを聞いてください。

（子供）あん記して、スラスラ言えますよ！！

（子供）まず○○○を聞いてください。（暗唱する）

（子供）つぎに、○○○を聞いてください。（暗唱する）

（子供）つぎに○○○。（暗唱する）

（王子）あんきして、言っているのか？「すご・・・」

（家来）あ！！いま、「すごい！」って言いかけたんじゃない？？？

（家来）なんか、ニコニコしてたかも！（暗唱チーム退場）

　　　　　　　　　　　　　　　　　　※暗唱は、その年に取り組んだものを行う。

◎体自慢チーム（体操、マット運動、柔軟性等）が舞台に上がる。

（子供）王子、わたしたちの、とくぎはこれです。（体そう）

（子供）まず、わたしは、こんなことができます

（子供）わたし（ぼく）は、こ～んなこと、できちゃうんですよ～。

（子供）わたし（ぼく）は、こうなっちゃいま～す。

（王子）体が、そんなことに？？？「すごいなあ・・・」

（家来）あーーーー！いま、ぜったい、「すごい」ってつぶやいてた！

（大臣）やあ、すごいぞ！なんだか、王子の顔が、うれしそうじゃないか！！

◎ダンスチームが舞台に上がる。

（子供）王子、ぼくたち、ダンスが、とてもとくいなんです。

（子供）きょうは、ケニアのおどりを見せます。

（子供）はくりょくあるおどりを、見て下さい。（ニャティティソーラン披露）

（王子）お～、すごいじゃないか！！すごいぞ、たのしいなあ！

（家来）わー、王子の心がうごいたんじゃない！？

（家来）はしゃいでる～～！ニコニコわらってる～～！

（大臣）○○小学校の３年生が、王子の心をうごかしてくれたぞ！

　　　　　　　　　　　　　　　※踊りの内容は、運動会などで取り組んだものでもよい。

場面4

◎ステージにみんな出てくる。

（男子）王子が、ニコニコわらっているなんて、なんて、うれしいことでしょう。

（女子）そうだ！王子に、私たちが大すきな、うたを聞かせてあげよう！！

◎全員で合唱。

◎1番の途中で一回止まり、みんなで、王子の顔を見る。

（王子）おお〜、うまいじゃないか！ステキな歌声にびっくりだ！！

　　　　かんどうしたぞ！もっと聞かせてくれ！！

◎別の場面に出ていた他の王子役も出てくる。

◎みんなが、うれしそうに、柏手をして、もう一度、最初から最後まで、王子も一緒にうたう。

◎歌が終わり、ブザーで終了。

学習発表会 2 ― 1 ― 30

学習発表会高学年（友だちとの絆）

▷ **対象学年**………小学4年～6学年

友だちと協力して、互いの思いを、5・7・5・7・7で表現する。

▷ **事前準備**

□1．友守詩を書かせる。（＊シナリオの中で、子守詩・親守詩・友守詩の説明）

　①2人組をつくらせる。

　②2人組のうちの1人に、5・7・5で友達へメッセージを書かせる。

　③2人組のうちのもう1人が、5・7・5の返事を7・7で書かせる。

みんながいるから ぼくもうれしい 君の班 みんな笑ってる 給食で	建ててあげるよ みんなの家を がんばって 応援するよ 君の夢

□2．学習発表会で映すスライド

□3．学習発表会で歌う「友達」に関連する曲のCD（kiroro の『Best Friend』や西野カナの『Best Friend』、ゆずの『友』などがおすすめ。）

▷ **留意点**

・友守詩はたくさん作らせて、その中からいい作品を選ばせる。

・子どもが作った友守詩は、事前に管理職に確認してもらう。

・友守詩は八つ切り画用紙に、習字で書かせる。

・歌の指導が苦手な場合は、ユーチューブにある合唱の映像などを使う。

▷ シナリオ例

◆**プログラム**
・全員がひな壇に立って、呼びかけをする。
・全員、ひな壇に座る。
・友守詩を発表する2人組が立って、自分の作品を発表する。
・全員がひな壇に立って合唱をする。

シナリオ

1．呼びかけ（全員がひな壇に立って）
①1組（　　　）：♪ねんねんころりよおころりよ♪
②2組（　　　）：♪ぼうやはよいこだねんねしな♪
③1組（　　　）：子守歌といいます。
④2組（　　　）：♪ありがとういつもおいしい晩ごはん♪（子供）
⑤1組（　　　）：♪たくさん食べて大きくなあれ♪（親）
⑥2組（　　　）：親子で読む詩を親守詩といいます。
⑦1組（　　　）：友だちと友守詩をつくりました。聞いてください。

2．友守詩の発表（2人ずつ立って）

3．合唱（全員たって）

⑧2組（　　　）：これで○年生の発表を終わります。礼。

二重とび
とぶのがすごく
はやいなあ
おそくするのが
できないのです

頭がね
すごくよくて
てんさいだ
君が、言うと
おせじに聞こえる

学習発表会 2 ― 1 ― 31

学習発表会英語スピーチ（平和への思い）

▷ **対象学年**………6学年

平和への思いを、英語と絵をつかって発表する。

▷ **事前準備**

□１．自画像

①子ども１人１人に折り紙で鶴を折らせる。

②自分が折った鶴を持たせ写真を撮る。

③広島県の原爆資料館など平和学習に関連する場所を背景に、自画像を描かせる。

□２．平和へのメッセージを、外国人に英語で書いてもらう。

修学旅行で広島県や長崎県に行く場合は、英語でインタビューして書いてもらう。

□３．学習発表会で映すスライド（資料参照）

□４．学習発表会で歌う「平和」に関連する曲のＣＤ（ゆずの『Hey 和』がおすすめ。）

▷ **留意点**

・２学期に学習発表がある場合、絵は１学期に仕上げておく。

・平和への英語メッセージはできるだけたくさん書いてもらう。日本語訳すると学習発表会で使えない内容のメッセージがあるかもしれないので。

・英語で書いてもらったメッセージは、ＡＬＴの英語教師に日本語訳してもらう。

・学習発表会で使う英語メッセージと日本語訳を、事前に管理職に確認してもらう。

・歌の指導が苦手な場合は、ユーチューブにある合唱の映像などを使う。

▷ シナリオ例

◆プログラム

・全員がひな壇に立って、呼びかけ。

・全員、ひな壇から下りる。

・1人ずつ舞台に立って英語スピーチ。（卒業式と同じ要領で。卒業式の練習にもなる。）

・全員がひな壇に立って、呼びかけと合唱。

シナリオ

1．呼びかけ

(① 1組：) 私たち6年生は

(② 2組：) 10月修学旅行で

(③ 1組：) 広島に行ってきました。

(④ 2組：) 平和記念公園で外国の方に

(⑤ 1組：) 平和と戦争についてどう思うか

(⑥ 2組：) 英語でインタビューをしました。

(⑦ 1・2組 男子) Excuse me.

(⑧ 1組：) すみません。

(⑨ 1・2組 女子) Question OK ?

(⑩ 2組：) 質問していいですか？

(⑪ 1組　全員) What's your opinions on peace and war?

(⑫ 1組：) あなたは戦争と平和についてどう思いますか？

(⑬ 2組　全員) Please write.

(⑭ 2組：) 書いてください。

(⑮ 1組　全員) Thank you.

(⑯ 1組：) ありがとうございます。

(⑰ 2組　全員) Here you are.

(⑱ 2組：) どうぞ。

(⑲ 1組：) と言って、お礼に

(⑳ 2組：) 折り紙で折った鶴を渡しました。

(㉑ 1・2組 全員) とても喜んでくれました。

2．英語スピーチ

(㉒ 1：) いろいろな国の、平和への想いが込められた

(㉓ 2：) 英語でのメッセージを聞いてください。

【全員、ひなだんからおりて、床にすわる】
【一人ずつ舞台の上で英語スピーチと日本語訳を発表する（終わったら、元の場所に戻る）】
【全員の発表が終わったら、ひなだんにもどって、立つ】

3．合唱
（㉔1組　　全員　　）平和への
（㉕2組　　全員　　）想いをこめて
（㉖1・2組 全員 ）歌います

【『Hey 和』を歌う】

子どもが1人1人が舞台の上で発表する英語スピーチの内容（一部）

A：　ウォー イズ ベリー バッド　ゼア イズ ノー リーズン トゥ メイク ウァー
　　War is very bad. There is no reason to make war.
　　（戦争は とても 悪いです。戦争を していい理由は ありません。）

B：　アイ プレファ ピース　アイ ドゥ ノット ライク ウァー
　　I prefer peace. I do not like war.
　　（私は 平和がいいです。戦争は 好きではありません。）

C：　ウィ プレイ フォー ピース
　　We pray for peace.
　　（私たちは 平和を祈ります。）

D：　アイ ライク ピース ソー ウィ キャン オール リブ ハッピー アンド ユナイテッド
　　I like peace so we can all live happy and united.
　　（私は みんなが 一緒に 楽しく暮らせる 平和が 好きです。）

E：　アイ アム ベリー サッド アバウト ウァー　アイ ホープ フォア ピース
　　I am very sad about war. I hope for peace.
　　（戦争は とても 悲しいです。私は 平和を 望みます。）

F：　アイ イマジン ア ワールド オブ ピース アンド ハーモニー ノー ウァー
　　I imagine a world of peace and harmony. No war!
　　（私は 世界が 平和で 一つになることを 想像します。戦争は いりません。）

G：　ウァー イズ バッド ピース ザ オンリー センス オブ ライフ
　　War is bad. Peace the only sense of life.
　　（戦争は 悪いです。平和だけが 命を 感じられます。）

H：　ピース イズ ベリー ナイス アンド ビューティフル
　　Peace is very nice and beautiful.
　　（平和は とても 素晴らしく そして 美しいです。）

I：　ピース ファ エバー トゥ アウァ アース プラネット
　　Peace for ever to our earth planet.
　　（地球が、永遠に 平和でありますように。）

学習発表会で映すスライド（一部）

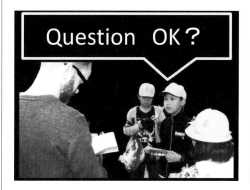

・英語スピーチのときは、まず絵だけを出す。そして、子どもが英語スピーチをするときに、英語と日本語訳を出す。

　子どもは、英語の後に、日本語訳も発表する。（発表し終わったら、壇上からおりる。）

・英語スピーチのときは、ＢＧＭにオルゴールＣＤを流す。

　（合唱で歌うオルゴール曲ががおすすめ。）

・合唱のときは、修学旅行など平和学習をしている時の写真を次々と映す。

第2章

❶ 学習発表会

学習発表会 2 ― 1 ― 32

学習発表会国際理解ニャティティ

▷ **対象学年**‥‥‥ 1〜6学年

　アフリカのケニアの伝統楽器「ニャティティ」について、歌やダンスなどで発表する。

▷ **事前準備**

□ 1．ＣＤ『Nyatiti Diva』（アニャンゴ）に収録されている「Thum Nyatiti（トゥム・ニャティティ）」（ルオー伝統曲）　＊写真 左下

□ 2．ＣＤ『教材用ＹＯＳＡＫＯＩソーラン』　＊写真 右下

□ 3．ＣＤ『ニャティティソーラン2020』（指導テキスト・ＤＶＤもあります。）

指導テキスト
指導DVD
セット

・ニャティティの楽器を真似して作る。（作る数は１個でもいい。）

【作り方】

①風呂桶に紙粘土をつける。

②紙粘土が乾いたら、絵の具で塗る。

③絵の具が乾いたら、ニスを塗る。

④弦をつける木の部分は、サランラップの芯を使う。

⑤弦は、たこ糸など少し太めの物を使う。

　（学習発表会がある前の学期につくっておくと余裕がある。）

▷ **留意点**

・運動会で、ニャティティソーランかよさこいソーランのどちらかを指導しておけば学習発表会の指導にかかる時間が減る。

・発表時間に合わせて、よさこいソーランを踊る時間を調節する。

・ニャティティソーランは腰みの、よさこいソーランは法被を衣装で用意するとさらに踊りが引き立つ。

▷ **シナリオ例**

◆プログラム

・全員がひな壇に立って、エアー演奏・エアー合唱。呼びかけ。

・全員、ひな壇から下り、舞台上か舞台下に移動。

・全員で、よさこいソーランとニャティティソーランをおどる。

・全員がひな壇に立って、呼びかけと合唱。

シナリオ

１．エアー演奏・エアー合唱

ルオーの伝統曲「Thum Nyatiti（トゥム・ニャティティ）」（ＣＤ『Nyatiti Diva〈アニャンゴ〉に収録）に合わせて、手作りのニャティティをエアー演奏（演奏する演技）をしたり、エアー合唱（口ぱくで歌う演技）をする。

２．呼びかけ・ダンス

（　　　）これはアフリカ、ケニアの伝統楽器、

（全員）ニャティティです。

（　　　）ニャティティの弦は、全部で何本あると思いますか？
（　　　）8本です。
（　　　）上の弦から順に弾くと　　　　＊エアー演奏
（女子）シ・ラ・ソ♯・ミ。
（　　　）ケニアの人には
（男子）トゥム・ニ・チャンダ
（　　　）と聴こえるそうです。
（　　　）意味は
（全員）「音楽が私を困らせる」です。

（　　　）下の弦から順に弾くと　　　　＊エアー演奏
（女子）ラ・シ・レ・ミ。
（　　　）ケニアの人には
（男子）トゥム・ニ・キットゥワ
（　　　）と聞こえるそうです。
（　　　）意味は
（全員）「この音楽は私たちの文化」です。

（　　　）ニャティティって、本当に奥が深いです。
（　　　）ニャティティを通して見る世界って、おもしろいです。

（　　　）日本の伝統的な踊り
（男子）よさこいソーラン

＊よさこいソーランを踊る。

（　　　）アフリカ、ケニアの伝統的な楽器
（女子）ニャティティ
（　　　）よさこいソーランと
（　　　）ニャティティソーランが
（全員）ヒューーージョン！
（　　　）合体した踊りが
（全員）ニャティティソーランです。

＊ニャティティソーランを踊る。（踊り終わりのポーズと同時に幕を閉じる。）

シナリオの参考図書：「ニャティティの歌」（著・アニャンゴ／出版・学芸みらい社）

二分の一成人式のシナリオ

▷ **対象学年**········ 4 年生

　二十歳の半分である「十歳」になったことを祝い、家族や友だちなど周りの人に感謝の気持ちを伝える。

▷ **事前準備**

□ 1．お家の方への感謝の意を表すために、どんなことをしたいかを学級で話し合う。

□ 2．劇をする場合は、場面ごとに分担し練習させる。

▷ **留意点**

・授業参観で行う。

・子どもたちがやりたいことを話し合い、決定する。

・教師は、全体の流れが分かる資料（シナリオ等）を提示し、検討する時間をとる。

・場面ごとに練習させ、効率良く練習や準備を進める。

▷ **シナリオ例**

大きく分けて 4 つのパートに分けて二分の一成人式を行う。

1　呼びかけ

2　劇（1）誕生の場面

　　　（2）赤ちゃん時代の場面

　　　（3）小学校 1 年生時代の場面

　　　（4）小学校 4 年生時代の場面（現在やっていることの発表会）

3　一人一言スピーチ

4　クラスを代表して保護者への感謝の手紙

【1　呼びかけ例】

1（　　　）今日は、ぼくたちの二分の一成人式。

　（全員）二分の一成人式。

2（　　　）私たちは、今年で十歳になります。

3（　　　）十歳になります。

4（　　　）十年前、十ヶ月もの間、

5（　　　）おなかの中でぼくを大切に育ててくれたお母さん。

　（男子）お母さん。

6（　　　）お母さんを、そばで支え、

7（　　　）おなかの中のぼくに話しかけてくれた、お父さん。

第 2 章

❶ 学習発表会

　　（　女子　）お父さん。

8　（　　　）私に会えるのを、楽しみに待っていてくれた、

9　（　　　）おじいちゃん、おばあちゃん。

　　（　全員　）おじいちゃん、おばあちゃん。

10　（　　　）私が生まれたことを、

11　（　　　）家族みんなが喜んでくれたと聞きました。

12　（　　　）生まれて初めて着物を着た、七五三。

13　（　　　）保育園での、運動会。

14　（　　　）ドキドキしながらやってきた

15　（　　　）（　　　）小学校の入学式。

16　（　　　）運動会や社会科見学、音楽会。

17　（　　　）いろいろな勉強やいくつもの行事の中で

18　（　　　）心も体もこんなに大きくなりました。

19　（　　　）ぼくたちを見守ってくれるみなさんに、

20　（　　　）感謝の気持ちでいっぱいです。

　　（　全員　）いっぱいです。

21　（　　　）私たちは、まだ十歳です。

22　（　　　）これから多くの喜びや、困難があることでしょう。

23　（　　　）時には、くじけそうになることもあるかもしれません。

24　（　　　）しかし、どんなときも、仲間や先生と

25　（　　　）いっしょうけんめいがんばります。

　　（　全員　）がんばります。

26　（　　　）十年後、りっぱな大人として、

27　（　　　）成人式をむかえることができるよう、

28　（　　　）3つのことをちかいます。

　　（　全員　）一つ、友だちを大切にします。

　　（　全員　）一つ、命を大切にします。

　　（　全員　）一つ、感謝の気持ちをわすれません。

29　（　　　）私たちは、多くの人に支えられて生きています。

30　（　　　）成人するまで、あと十年。

31　（　　　）これからも、私たちのことをよろしくおねがいします。

　　（　全員　）よろしくおねがいします。

【2　劇】
『1　誕生の場面』
男子3人・・・お父さん2人、
　　　　　　　ドクター1人
女子3人・・・お母さん2人、
　　　　　　　ナレーター1人

（ナレーター）　ぼくたちは今から10年前にうぶごえをあげました。

あと10年すると20才（はたち）。大人のなかまいり。

今日は、ぼくたちの１／２成人式。

ぼくたちの足あとをみなさんに紹介します。

10年前にタイム・スリップ！！

（お母さん１）　あ〜、△△さん、こんにちは！

（お母さん２）　あ〜、○○さん、ひさしぶり！

（お母さん１）　大きくなったわねえ。うまれるのはいつ？

（お母さん２）　もう予定日はすぎているのに、この子ったら、ちっともうまれてこないのよ。

○○さんは？

（お母さん１）　わたしは、来週予定日。でも、この子ったら、早く、早くって、どんどんわた

しのおなかをけるのよ。あ、また、けった！いた・・・。

（お母さん２）　楽しみね。

（お母さん２）　あ、いたたた・・・。うまれるかもしれない！

（お母さん１）　大変、お医者さんに行かなきゃ！

あ、いたたた・・・。

わたしまでいたくなってきちゃった。

とにかく、病院へ行きましょう。

〈場面変化〉　長いす用意

（お父さん１）　まだかなぁ。おかしいなぁ。

もう３時間もたつのに、ちっともうまれない。

何か、あったんじゃないだろうか！

（お父さん２）　神様、仏様、無事、生まれますように・・・。アーメン。

（ドクター）　ご主人ですね。もうすぐですよ。

お母さんも、赤ちゃんも、がんばっていますからね。

（お父さん１、２）　先生、よろしくお願いします。

※ドクター、まくに入る

（エキストラ）　オギャーオギャーオギャーオギャー

（ドクター）　おめでとうございます。

○○さん家は、元気な男の子、△△さん家は、元気な女の子です。

母子ともに元気！おめでとうございます。

（お父さん１、２）　やったー、ばんざい！！

（お母さん１）　私のベビーちゃん。やっと会えたね。

（お母さん２）　男の子と思っていたら、女の子だったのよ。

なんてかわいいんでしょう。

『2　赤ちゃん時代』
男子 3 人 ･･･ 赤ちゃん 2 人、
　　　　　　　ナレーター 1 人
女子 2 人 ･･･ お母さん 2 人

（ナレーター）　こうして生を受けたぼくたちは、すくすくと大きくなりました。
　　　　　　　公園でのひとこまです。
（お母さん 3）　うちの子やんちゃで、毎日大変よ。
（お母さん 4）　うちの子も、ちっともじっとしてなくて、目が離せないの。
　　　　　　　この前なんか、□□公園の池におちてしまって、助けてもらったのよ。
（お母さん 3）　あ、また、おしっこしたのね。
　　　　　　　おむつをかえると気持ちいいから、すぐまた、おしっこしちゃうのね。
　　　　　　　はーい、きれいきれいしましょうね。
（赤ちゃん 1）　イヤ、イヤ ･･･ 。（逃げる）
（お母さん 3）　こらー、待ちなさい。やっとつかまえたわ。よし、よし。
（赤ちゃん 2）　バブーバブー。（コップのビールをのむ）
（お母さん 4）　あ、これビールだ。ビールのんじゃったんだ。
　　　　　　　大変！お父さん、こんなところにビールおいといちゃダメ。
（赤ちゃん 1）　アブ ･･･ 。
（お母さん 3）　あ、○○ちゃんがいなくなっちゃった。
　　　　　　　どこに行っちゃったのかな、○○ちゃん。
（赤ちゃん 1）　バアー。
（お母さん 3）　○○ちゃん、あーよかった。かくれんぼが大好きなの。本当に困ったわ。
（赤ちゃん 2）　○×□△※☆＃ ･･･
（お母さん 4）　意味不明なのよね。何言ってるのかしら、分からないわ。
（お母さん 3）　まだいいわよ。うちの子なんて、太っている人を見ると誰にでも「おすもうちゃ
　　　　　　　ん」って言っちゃうんだもん。困ってしまうわ。
（お母さん 4）　あ〜、お人形の足とっちゃった！
（お母さん 3）　あ〜、またどこかに行っちゃった！
（ナレーター）　こうして、ぼくたちは、いっぱいやんちゃをしながら、無事、大きくなってい
　　　　　　　きました。

『3　保育園・幼稚園時代』
男子 3 人 ･･･ 子ども 2 人、
　　　　　　　先生 1 人
女子 3 人 ･･･ お母さん 2 人、
　　　　　　　ナレーター 1 人

（ナレーター）　すくすく大きくなっていったぼくたちは、初めて集団生活をすることになりま

　　　　　　　した。
（お母さん5）　○○ちゃん、今日から保育園よ。
（子ども1）　　いやー、行きたくない。
（お母さん5）　保育園、おもしろいよ。
（子ども1）　　いやー、いやー。
（お母さん5）　先生かわいいよ。
（子ども1）　　エ、ほんと、じゃーぼく行く！
（お母さん6）　△△ちゃん、今日から保育園よ。
（子ども2）　　いやー。
（お母さん6）　保育園のお給食は、おいしいよ。
（子ども2）　　いやー、にんじんキライ！
（お母さん6）　先生、やさしいよ。
（子ども2）　　エ、そうなの。じゃーぼく、行く！
（先生）　　　　は〜いみなさん。入園おめでとう！先生のそばにあつまれ〜！
（子ども1）　　えーん。やっぱりお母さんがいいよ。
（子ども2）　　先生きらーい。えーん、えーん。
（子ども1）　　おうちへ帰る。えーん、えーん。
（子ども2）　　お母さーん。えーん、えーん。
（先生）　　　　ぼくまで泣きたくなるよ。えーん、えーん。
（お母さん5）　先生、がんばれ！
（お母さん6）　先生、ファイト！
（先生）　　　　がんばります。みなさん、がんばりましょうね。
（ナレーター）　こうして、楽しい保育園生活が始まりました。
　　　　　　　初めての友だちもできました。

┌─────────────┐
│『4　小一時代』│
└─────────────┘
男子3人・・・子ども3人
女子3人・・・先生1人、
　　　　　　　子ども1人、
　　　　　　　ナレーター1人

（ナレーター）　平成年4月、わたしたちは、（　　　）小学校の1年生になりました。
　　　　　　　そして、この楽しい仲間たちと出会ったのです。
（子ども4）　　先生ー、トイレー。
（先生2）　　　先生は、トイレでは、ありません。
（子ども5）　　先生ー、おしっこ。
（先生2）　　　先生は、おしっこではないっていったでしょう。
（子ども6）　　先生、○○ちゃんがたたいてきます。
（子ども3）　　先生、○○ちゃんが、「バカ」って言ってきます。

（先生2）　　　はい、はい。わかりました。あー、本当に大変だわ。

（子ども4）　　先生、おしっこ出ちゃいます。

（子ども5）　　先生、おしっこ、おしっこ・・・。（走り回る）

（先生2）　　　はい、はい・・・。おしっこ、行ってらっしゃい。

（子ども5）　　行ってきまーす。

（先生2）　　　やっと勉強ができるわ。

　　　　　　　　今日は、「あ、い、う、え、お」のお勉強です。

　　　　　　　　あ、い、う、え、お　　　はい。

（子どもたち）　あ、い、う、え、おまんじゅう

（先生2）　　　え・・・、気のせいかな。ちょっとちがったような・・・。

　　　　　　　　か、き、く、け、こ

（子どもたち）　か、き、く、け、ころっけ。

（先生2）　　　さ、し、す、せ、そ

（子どもたち）　さ、し、す、せ、そうめん

（先生2）　　　た、ち、つ、て、と

（子どもたち）　た、ち、つ、て、とうもろこし

（先生2）　　　な、に、ぬ、ね、の

（子どもたち）　な、に、ぬ、ね、のりまき

（先生2）　　　は、ひ、ふ、へ、ほ

（子どもたち）　は、ひ、ふ、へ、ほうれん草

『5　小4時代』

ナレーター1人

先生　　　　1人

子ども　　　何人でも

（ナレーター）　そして、現在。ぼくたちは4年生。10歳になりました。教室の様子を見てみま
　　　　　　　　しょう。

〈現在、学習している暗唱やマット運動、リコーダーの演奏などをする。〉

（先生）　　　　1時間目は音楽です。〈演奏〉

　　　　　　　　上手にできました。

（先生）　　　　2時間目は国語です。〈暗唱・早口言葉・都道府県など〉

　　　　　　　　上手に言えました。

（先生）　　　　3時間目は体育です。〈マット運動〉〈ロープジャンプ〉

　　　　　　　　上手にできました。

（先生）　　　　4時間目は学活です。〈自分たちのやりたいもの・ダンス・手品・お笑いなど〉

（子ども）　　　僕たち10年間の間にいろんなことがあったね。

（子ども）　　　20歳になったらみんなどんなふうになっているんだろうね。

（子ども）　　　いつまでも友達でいようね。

（子ども）　　　20歳の成人式でも、こうやってみんなで会おうね。

（全員）　　　　さんせ〜い！！

【3　一人一言スピーチ】

（　　　）いまから、一人一言ずつスピーチをします。聞いてください。

※その場で立って、スピーチする。

※言い終わったら座り、次の人がスピーチをする。

【4　代表者の感謝の手紙】

（　　　）最後に、代表の7名の人に保護者のみなさんにお手紙を読んでもらいます。

※代表者は前へ出る。

※言ったら戻る。

（　　　）起立。気をつけ。これで2時間目の1／2成人式を終わります。礼。

（全員）ありがとうございました。

（参考：TOSSランド小室由希江氏コンテンツ）

▷ 6年生を送る会 2―2―34

6年生への感謝―2年（劇）

▷ **対象学年**……… 2学年（全学年で可）

劇を通して6年生に感謝の気持ちを伝える。

▷ **事前準備**

□1．台本の印刷と児童への配布

早めに配布し、台本を読み聞かせておく。

□2．児童の役割分担

立候補をもとに、役割分担を行う。立候補が重なった場合はオーディションを行う。

□3．練習日程の作成

作成した練習日程は、拡大コピーし、児童の目につきやすいところに掲示しておく。

▷ **留意点**

・役割分担を行う前に、立候補が重なったときはオーディションを行うことを話しておく。

・オーディションは、「体育館の端から端まで聞こえる声」の1点で評価する。

・言葉を練習させる際は、原稿に丸を10個書かせ、1回練習するたびに色を塗らせると意欲的に練習するようになる。

▷ **シナリオ例**

> シナリオ〈2年生バージョン　＊全学年で取り組むこともできる〉
>
> 一場面
>
> （　　）6年生は、○○小学校の玄関の前に座っていました。
>
> （　　）2年生がやって来て、言いました。
>
> （　　）「どうしたんですか、6年生。かなしそうですね。」
>
> （　　）「うん、そうなんだ。」
>
> （　　）6年生が言いました。
>
> （　　）「今は小学校生活の中でとてもかなしい時なんだよ。卒業を待つ時間が、こんなにさみしい気もちになるとはじめて分かったよ。」
>
> （　　）「どうして、そんなにさみしい気もちなのですか。」
>
> （　　）2年生がたずねました。

（　　　）「だって、○○小学校のみんなとわかれることになるんだもの。」
（　　　）6年生が言いました。
（　　　）6年生と2年生は、かなしい気分で、玄関の前に腰をおろしていました。
（　　　）すると、2年生が何かをおもいついたように言いました。
（　　　）「ぼく、もう教室へ帰らなくっちゃ。しなくちゃいけないことがあるんです。」
（　　　）2年生は、大急ぎでそれぞれの教室へ帰りました。

二場面
（　　　）「みんな、6年生に感謝の気持ちを伝えないかい。」
（　　　）教室にいた他の2年生に言いました。
（　　　）「それはいい。」
（　　　）教室にいた2年生は言いました。
（　　　）「どんなことを伝えようかな。」
（　　　）「うーん。」
（　　　）2年生たちは考えました。
（　　　）「そうだ。運動会でしてくれた演技を見せたらどうかな。」
（　　　）「演技？」
（　　　）2年生はみんなでやってみることにしました。

※演技をする

（　　　）「むずかしいね。」
（　　　）「6年生はこんなにむずかしいことを、みんなの気持ちを1つにして演技していたんだね。」
（　　　）「みんなで協力して、やっていたんだね。」
（　　　）「6年生からみんなの気持ちを1つにすることを教えてもらったね。」
（　　　）「よし、このことをつたえよう。」
（　　　）2年生は1つ6年生につたえることをきめました。

三場面
（　　　）「みんな、6年生にかんしゃの気もちをつたえないかい」
（　　　）教室にいた他の2年生に言いました。
（　　　）「それはいい。」
（　　　）「どんなことを伝えようかな。」
（　　　）「うーん。」
（　　　）2年生たちは考えました
（　　　）「そうだ。音楽会でしてくれた演奏のことはどうかな。」
（　　　）「演奏？」
（　　　）2年生はみんなでやってみることにしました。

※鍵盤ハーモニカで曲を弾く

（　　　）「むずかしいなー。」
（　　　）「6年生は、きっとたくさん練習をして、あんなに上手に弾いていたんだね。」
（　　　）「あきらめずにして、やっていたんだね。」

第2章
❷ 6年生を送る会

（　　　）「6年生からあきらめず努力することを教えてもらったね。」
（　　　）「よし、このことを伝えよう。」
（　　　）2年生は1つ6年生に伝えることをきめました。

四場面

（　　　）「みんな、6年生に感謝の気持ちを伝えないかい。」
（　　　）教室にいた他の2年生に言いました。
（　　　）「それはいい。」
（　　　）教室にいた2年生は言いました。
（　　　）「どんなことを伝えようかな。」
（　　　）「うーん。」
（　　　）2年生たちは考えました。
（　　　）「そうだ。なわとび集会でしてくれなわとびのことはどうかな。」
（　　　）「なわとび？」
（　　　）2年生はみんなでやってみることにしました。
※音楽に合わせてとぶ。
（　　　）「6年生は、こんなにむずかしいことを、ぼくたちにやさしく教えてくれたね。」
（　　　）「6年生から下級生にやさしくすることを教えてもらったね。」
（　　　）「よし、このことを伝えよう。」
（　　　）2年生は1つ6年生に伝えることを決めました。

五場面

（　　　）2年生は、○○小学校のげんかんへもどりました。
（　　　）6年生は、げんかんの前にすわっていました。
（　　　）「6年生。」
（　　　）2年生が言いました。
（　　　）「6年生につたえたいことがあってきました。」
（　　　）ちょうど5年生がお手紙をもってきました。
（　　　）「親あいなる6年生。
（　　　）ぼくたち
（　　　）わたしたちは
（　　　）6年生からたくさんのことを教えてもらいました。
（　　　）みんなで気持ちを1つにして取り組むこと
（　　　）あきらめずに努力すること
（　　　）下級生にやさしくすること
（　　　）このことを大切にして3年生になってもがんばります。」

6年生を送る会―3年（劇）

▷ **対象学年**……… 3学年

　行事に取り組むにあたっての心構えやねらいなど6年生に感謝の思いを伝え、成長した姿を見せる。

▷ **事前準備**

□1．「何のために劇をするのか」考えさせる。

　　「6年生に感謝の思いを伝えるため」「成長した姿を見せて安心してもらうため」等、子ども達に話し合わせて目的を確認する。

□2．物語教材「三年とうげ」のパロディで「三〇〇〇」のアイディアを出させる。

　　アイディアを出させて、「自分たちで作り上げた」という意識を持たせる。

□3．オーディションを実施する。

　　ナレーションを含む全ての役割を、オーディションにより選定する。

▷ **留意点**

・6年生を送る会をする目的は、練習中に何度も確認するとよい。

・オーディションの前には、希望通りの役にならない可能性も考慮して事前に伝えておく。

▷ **シナリオ例**

シナリオ

（　　　）あるところに、三分教室とよばれる教室がありました。

（　　　）あまり広くない、ふつうの教室でした。

（　　　）三分教室には、昔から、こんな言いつたえがありました。

（　　　）三分教室で転ぶでない。三分教室で転んだならば、三分きりしか生きられぬ。長生きしたけりゃ、転ぶでないぞ。三分教室で転んだならば、長生きしたくも生きられぬ。

（　　　）ですから、三分教室に入るときは、みんな、転ばないように、おそるおそる歩きました。

（　　　）ある秋の日のことでした。二人のおじいさんがとなりの教室へ、授業を受けに行きました。

（　　　）そして帰り道、三分教室にさしかかりました。

（　　　）なぁおじいさん。今日もよく勉強したなぁ。おばあさんもよろこぶぞ。

（　　　）そうだなぁ。おじいさん。三分教室からのけしきもきれいで、気持ちがいいなぁ。

（　　　）ふぅ。
（　　　）おじいさんたちは、いすに座ってひと息入れながら美しいながめにうっとりしていました。
（　　　）あぁ！こうしちゃおれぬ。もうすぐ日がくれるわい。
（　　　）おぉそうじゃそうじゃ。すぐに行かねばならんな。
（　　　）三分教室で転ぶでない。三分教室で転んだならば、三分きりしか生きられぬ。
（　　　）お日様が西にかたむき、夕やけ空がだんだん暗くなりました。
（　　　）暗くなってきたなぁ。急ごう。急ごう。
（　　　）まてまて、ここは三分教室。転ばないように気をつけなければ・・・
（　　　）ところがたいへん。おじいさんは、つくえにつまずいて転んでしまいました！
（　　　）うわー！
（　　　）おじいさんは真っ青になり、がたがたふるえました。
（　　　）家にすっとんでいき、おばあさんにしがみつき、おいおいなきました。
（　　　）おば、おば、おば、おば・・・
（　　　）あら。おじいさんたち。どうしたんだい。
（　　　）おばあさん。どうしよう。どうしよう。どうしよう。どうしよう
（　　　）だから、おじいさん、どうしたんだい。
（　　　）わしは、勉強しに行ったのじゃが三分教室で転んで
（　　　）三分教室からのけしきがとってもきれいで転ばないように
（　　　）ちょっとまちなさい。落ち着いてもう一度いってごらん。
（　　　）三分教室がわしで転んでしまったのじゃ。
（　　　）ちがうわい。わしが転んで三分教室になってしまったのじゃ。
（　　　）ちがうわい。転んだわしが三分教室で先生になったんじゃ。
（　　　）ちがうわい。先生が転んで三分教室になったんじゃ。
（　　　）おじいさんたち。何を言っているのじゃ。
（　　　）わしは、三分教室で、転んでしまったんだ。わしのじゅみょうは、あと三分じゃ。三分きりしか生きられぬのじゃあ。
（　　　）そりゃ、大変じゃ！あわわわわ・・・
（　　　）その日からおじいさんは、ごはんも食べずに、ふとんにもぐりこみ、とうとう病気になってしまいました。
（　　　）お医者をよぶやら、薬を飲ませるやら、おばあさんはつきっきりで看病しました。
（　　　）おじいさん、よくなっておくれよぉ。わたし心配だよぉ。
（　　　）けれども、おじいさんの病気はどんどん重くなるばかり。村の人たちもみんな心配しました。
（　　　）おじいさん、大丈夫かい？
（　　　）はやく良くなっておくれよぉ。
（　　　）早く元気になって、また一緒に□□□□をやろうよ」
（　　　）おれがかわりに寝込むからさぁ。元気になっておくれよ。
（　　　）そんなある日のこと、天使のトルトリが、みまいに来ました。

（　　　）おじいさん元気かい？今日も天気が良くて気持ちがいいねぇ。

（　　　）どどどどど、どうすればなおるんじゃ！？

（　　　）おじいさんは、ふとんから顔を出しました。

（　　　）ばかな。わしに、もっと早く死ねと言うのか。

（　　　）そうじゃないんだよ。一度転ぶと、三分生きるんだろ。二度転べば六分、三度転べば九分、四度転べば十二分。このように、何度も転べば、ううんと長生きできるはずだよ。

（　　　）おじいさんは、しばらく考えていましたが、うなずきました。

（　　　）そして、ふとんからはね起きると、

（　　　）うん、なるほど、なるほど。そうか。トルトリ、お前は頭がいいのう

（　　　）おじいさん。おばあさん。三分教室に出発じゃ！

（　　　）おー！

（　　　）と言って三分教室に向かいました。

（　　　）三分教室につくと三人は自分から、転び始めました。

（　　　）このときです。黒板のかげから、おもしろい歌が聞こえてきました。

（　　　）えいやらえいやらえいやらや。一ぺん転べば三分で、十ぺん転べば三十分、百ぺん転べば三百分。こけて転んでひざついてしりもちついてでんぐり返り、長生きするとは、こりゃめでたい。おじいさんたちは、すっかりうれしくなりました。

（　　　）おじいさんや、わしは何だかうれしくなってきたわい。

（　　　）わしもじゃ、うれしくてうれしくて、転がりすぎて目が回ってきたわい。

（　　　）おじいさん、顔色がよくなってきたわよ。ほら、曲がっていた腰もピンと、のびていますよ。

（　　　）おじいさんはうれしくなって

（　　　）ころりん、ころりん、すってんころり、ぺったんころりん、ひょいころ、ころりんと、転びました。

（　　　）あんまりうれしくなったので、しまいに、とうげからふもとまで、ころころころりんと、転がり落ちてしまいました。

（　　　）そして、けろけろっとした顔をして、言いました。

（　　　）もう、わしの病気はなおった。百年も、二百年も、長生きができるわい。

（　　　）そうじゃ。そうじゃ。これからの人生も楽しみじゃのぅ。わはは。

（　　　）こうして、おじいさんは、すっかり元気になり、おばあさんと二人なかよく、幸せに、長生きしたということです。

（　　　）ところで、三分教室の黒板のかげで、

（　　　）えいやらえいやらえいやらや。一ぺん転べば三分で、十ぺん転べば三十分、百ぺん転べば三百分。こけて転んでひざついてしりもちついてでんぐり返り、長生きするとは、こりゃめでたい。

（　　　）と歌ったのは、だれだったのでしょうね

（　　　）これで三年生の発表を終わります。礼

（　　　）ありがとうございました。

第2章

❷6年生を送る会

6年生を送る会―5年企画委員

▷ **対象学年**………全校（1～6年生）

①全校児童

　○○小学校の一員としての自覚や連帯感をもち、活動する場とする。

②1～5年生

　これまでお世話になった6年生に対して、感謝の気持ちを表現する場とする。

③6年生

　在校生に対して感謝の気持ちを表現する中で、自分たちの今後の生活への意欲づけ
を行う場とする。

▷ **事前準備**

□1．5年生を中心に企画、運営、進行を行う。

　　①5年生に「なぜ、5年生が中心になってこの会を進めるのか」を事前に考えさ
　　　せると、児童が積極的に活動する。

　　②当日の進行がスムーズにいくように、事前のリハーサルの時間をもうける。

□2．実行委員長あいさつは事前に担当児童に考えさせ、教師が事前に点検する。

□3．学年の発表内容が重ならないようにする。

　　職員室に発表内容一覧表を張り出す。その表に発表内容を学年ごとに書き込んで
　　もらうことで、内容の重複を避けることができる。

□4．6年生の入場の際は、1年生が一緒に手をつなぐ。

　　事前に手をつなぐペアを決めておく。

▷ **留意点**

【準備物】　①マイク　　②入退場のCD　　③各学年の発表で使うもの

　　　　　　④保護者用の椅子（保護者が送る会を見にくる場合）

【場　　所】　体育館

▷ **シナリオ例**

◆プログラム

①6年生入場　　②はじめの言葉　　③実行委員長あいさつ　　④各学年の発表

⑤校長先生のお話し　　⑥6年生退場　　⑦おわりの言葉

シナリオ

1 （　　　　）　６年生が入場します。

　　　　　　　入学式では６年生が１年生をエスコートしましたが、今日は１年生が６年生をエスコートします。会場の皆さん、大きな拍手をお願いします。

2 （　　　　）　これから６年生を送る会をはじめます。

　　　　　　　実行委員長あいさつ。

【あいさつ例】

　６年生は１年間、〇〇小学校のリーダーとして私たちに色々なことを教えてくれました。運動会の練習でよさこいソーランの踊り方を分かりやすく教えてくれました。たてわり班掃除では、優しくそうじの仕方を教えてくれました。６年生の皆さんのおかげで私たちはたくさんのことができるようになりました。本当にありがとうございました。１年間の感謝の気持ちを込めて６年生を送る会を行います。どうぞ、お楽しみください。

---

3 （　　　　）　では、各学年の発表にうつります。３年生、お願いします。

　　　　　　　３年生のみなさん、ありがとうございました。

4 （　　　　）　次に、２年生、お願いします。

　　　　　　　２年生のみなさん、ありがとうございました。

5 （　　　　）　次に、１年生、お願いします。

　　　　　　　１年生のみなさん、ありがとうございました。

6 （　　　　）　次に、４年生、お願いします。

　　　　　　　４年生のみなさん、ありがとうございました。

7 （　　　　）　次に、５年生、お願いします。

　　　　　　　５年生のみなさん、ありがとうございました。

8 （　　　　）　最後に、６年生、お願いします。

　　　　　　　６年生のみなさん、ありがとうございました。

9 （　　　　）　校長先生のお話です。校長先生よろしくお願いします。

　　　　　　　校長先生があいさつをする。

10 （　　　　）　６年生が退場します。

　　　　　　　会場のみなさんは担任の先生の指示にしたがってアーチを作ってください。

11 （　　　　）　これで６年生を送る会を終わります。

　　　　　　　１年生から順に椅子をもって教室にもどってください。

第２章

❷　６年生を送る会

卒業生を送る会（小・中併設校）

▷ **対象学年**………小学校1〜6年、中学校1〜3年（計80名での実践例）

・卒業生への感謝の気持ちをもち、卒業を祝う機会とする。

▷ **事前準備**

□1．縦割り班作り

　縦割り班を事前に作る。　＊1つの班は10人程度（実践は8班）

□2．卒業生へのプレゼント（小学生は6年生へ・中学生は中3年生へ）

　1人ずつに渡るように準備する。

□3．会食の準備

　縦割り班ごとで会食する準備。（実践は体育館で会食）

□4．卒業生のお礼の言葉

　お礼を述べる児童生徒の選出。選出された児童生徒への事前準備。

□5．大きな土俵（3m×3mくらいのベニヤ板、足はダンボールで作成）

□6．ダンボールで作成した力士（大きさは50cmくらい4体形は工夫する）

▷ **留意点**

・待ち時間を考えて、土俵や力士を増やしてもよい。

・プレゼントは、受け取る側を配慮し、大きな差が出ないようにする。

▷ **シナリオ例**

◆プログラム

1	卒業生入場	6	会食
2	開会の言葉	7	校長先生のお話
3	児童生徒会長のお話	8	卒業生からのお礼の言葉
4	ゲーム	9	閉会の言葉
5	プレゼント贈呈		

1（　　　）卒業生が入場します。大きな拍手でむかえましょう。

2（　　　）開会の言葉です。　＿＿＿＿＿＿さんお願いします。

3（　　　）児童生徒会会長のお話です。　＿＿＿＿＿＿さん、お願いします。

4 （　　　　） 次は、みんなでゲームをします。

　（　　　　） ＿＿＿＿＿＿さんがゲームの説明をします。

　　　説明：これから、巨大とんとん相撲を行います。

　　　　　　呼ばれた班のみなさんは土俵の周りを囲むように座ってください。

　　　　　　『はっけよい！のこった！』と言ったら土俵を叩いてください。

　　　　　　力士が先に土俵の外に出るか、手が着いたり、倒れたりした方が負けです。

　　　　　　また、力士が倒れそうなときに体を使って倒れないようにするのは反則負けとなります。力士と土俵は大切に扱ってください。

　（　　　　） １回戦＊

　　　　　　○班と○班のみなさんは土俵の周りに集まってください。

　（　　　　） ○班と○班の代表は力士を選び土俵に置いてください。

　　　　　　はっけよーい！のこった！

　　　　　　○班の勝ちです！○班と○班は戻ってください。

　　※以下、繰り返す

　　※１回戦は１班と２班３班と４班５班と６班７班と８班を呼ぶ。

　　　１回戦が全て終了したら負け同士の試合、２回戦、決勝

　（　　　　） これで、ゲームを終わります。卒業生のみなさんは一度席に戻ってください。在校生のみなさんはもとの場所に戻ってください。

5 （　　　　） これから卒業生への記念品贈呈を行います。

　　　　　　卒業生はプレゼントを貰ったあと一人ずつ一言をお願いします。

　　　　　　小学校のみなさんからお願いします。

　（　　　　） 次は、中学校のみなさんお願いします。

6 （　　　　） 次は、会食です。各学級で準備をすませて、（11：30）までに体育館のテーブルに座っていてください。それでは、＿＿＿＿＿＿学級から教室に戻ってください。

　（　　　　） 「いただきます」のあいさつを＿＿＿＿＿＿さんお願いします。

　　　会食

　（　　　　） ごちそうさまのあいさつを＿＿＿＿＿＿さんお願いします。

7 （　　　　） 校長先生のお話です。校長先生お願いします。

8 （　　　　） 次は、卒業生からお礼の言葉です。卒業生のみなさんは全員、ステージ前へ並んでください。

　　　　　　６年生、＿＿＿＿＿＿さんお願いします。

　（　　　　） 次に、中学３年生、＿＿＿＿＿＿さんお願いします。

　（　　　　） 卒業生のみなさんは自分の席へ戻ってください。

9 （　　　　） 閉会の言葉です。＿＿＿＿＿＿さんお願いします。

　（　　　　） 小学生のみなさんは自分の教室へもどってください。

　　　　　　中学生のみなさんは後片付けをしますので、小学生が移動を終えるまで待っていてください。

第2章

❷ ６年生を送る会

83

▷ **6年生を送る会 2―2―38**

6年生を送る会―5年児童の言葉

▷ **対象学年**……… 5年生

　卒業生に向けて、お祝いの言葉とともに、伝統を引き継ぐ意思と感謝の気持ちを伝える。

▷ **事前準備**

☐ 1．代表を決める。

　学校によって、児童会長や学年代表など、場にふさわしい児童が担当する。

☐ 2．原稿を作成する。

　①例を示す（本稿など）　②下書きを書かせる　③一緒に修正をする④完成

☐ 3．練習させる。

　①声の大きさ（マイクの使い方）　②読むはやさ　③抑揚のつけ方を教える

　本番と同じ場所でリハーサルし、動きなども確認する。

▷ **留意点**

・5年生にとっては、学校行事をリードする貴重な場となる。練習やリハーサルで見通しをもたせ、自信をもって実施できるようにする。

・終了後には「堂々とできていたよ」「ちょうどいいはやさで分かりやすかった」など、良かった点をほめて、さらに自信につながるようにする。

▷ **シナリオ例**

　6年生のみなさん、いよいよご卒業ですね。

　ぼく（わたし）たち5年生にとっては、一番身近な存在でした。低学年のとき、いっしょに遊んでくれて、なかよしのお兄さんお姉さんでした。高学年のとき。こまった時に助けてくれて、たよりになるお兄さんお姉さんでした。

　特にみなさんと過ごした最後の1年間は、思い出に残っています。運動会では本気を、児童会ではリーダーシップを、日々の生活では元気なすがたを見せてくださいました。

　6年生のみなさんの後を、ぼく（わたし）たちは、しっかり受けついでいきます。中学校でも、○○小でつちかった力をはっきしてご活やくください。

　全校のみなさんは立ってください。感謝の気持ちをこめて、お礼のあいさつをします。ぼく（わたし）の後に続いて言ってください。6年生のみなさん、ありがとうございました。（ありがとうございました）

　　　　　　　　　　　　　　　　　　　　　　　　　　　　5年代表　○○○○

感謝の会―児童（6年生）の言葉

▷ **対象学年**‥‥‥‥ 6学年

　卒業にあたり、お世話になった先生・保護者に向けて感謝の気持ちを表す。

▷ **事前準備**

□1．担当児童が、感謝を表すシナリオを検討し、印刷・配付する。

□2．セリフの担当者をきめ、流れを確認する。

▷ **留意点**

・一人で言うのではなく、学年の思い出を言うところは数人で分担してもよい。

・事前の練習回数がを少なくするため、台詞決定は早めに行う。

▷ **シナリオ例**

6年間をふりかえって

　今日、私たちは6年間の小学校生活を終えました。

　いただいた卒業アルバムを見ると、自分の体と同じ大きさのランドセルを背負って入学した自分が写っていました。今見るととても恥ずかしい思いが湧いてきます。

　入学式の写真で○○先生が、腰をかがめて小さくなり、私たちの世話をしてくれている場面がありました。入学したその日から、私たちは多くの先生の深い愛情を受けてきたのだと感じました。

　目をつぶれば、小学校生活の思い出がたくさんよみがえってきます。

　1年生では、畑でいもほりをしました。みんなで食べた焼き芋はとても甘くておいしかったです。

　2年生では、生活科の学習で電車にのって公園にいきました。切符を買う時にお金を落としてしまったこともありました。

　3年生では、社会科・理科が始まりました。実験や見学がとても楽しかったです。

　4年生では、音楽発表会がありました。学年のみんなで声を揃えて歌うと心までそろってくる感覚がありました。

　5年生では、キャンプに行きました。みんなで見る夜空のきれいさに自然の大切さを感じました。

　6年生の修学旅行。ずっとこのまま一緒にどこまでも行きたいと思いました。

　6年間があっという間に過ぎたのも、いろいろなことに挑戦させてくれた先生方のおかげです。

　先生方、お世話になりました。

6年代表　○○○○

6年生を送る会2－2－40

先生・保護者へ感謝する会

▷ **対象学年**………全校（1～6年生）

　教職員・保護者に1年間の感謝の気持ちを、歌や演劇等で表現し、伝える。

▷ **事前準備**

☐1．会の進行は児童会委員が行う。

☐2．学年の発表内容が重ならないよう各学年で調整する。

☐3．入退場の教師の並びは任意で決めておく。

☐4．保護者は当日自由に参観していただく。（スペースは確保する。）

▷ **留意点**

【準備物】　①マイク　②入退場のCD　③各学年の発表で使うもの

【場　所】　体育館

▷ **シナリオ例**

◆**プログラム**

①教職員入場　②始めの言葉　③各学年の発表（1～6年）

④児童会長より感謝の言葉　⑤校長先生のお話　⑥終わりの言葉　⑦教職員退場

シナリオ

①（　　　）先生方が入場します。みなさん拍手でお迎えしましょう。

②（　　　）これから先生・保護者へ感謝する会を始めます。

　　　　　　　はじめの言葉です。（　　　）さんお願いします。

　はじめの言葉例　「みなさん、先生方への感謝の気持ちをもって参加しましょう。」

③（　　　）次に各学年の発表に移ります。（　　　）年生の皆さんお願いします。

④（　　　）ありがとうございました。次は（　　　）年生お願いします。（順次行う）

⑤（　　　）次は児童より感謝の言葉です。児童会長（　　　）さんお願いします。

　感謝の言葉例　「先生方、今日までたくさんのことを教えてくださり、ありがとうございま
　　　　　　　　す。教えていただいたことを、これからの生活でも役立てていきたいです。」

⑥（　　　）ありがとうございました。次は、校長先生のお話です。

⑦（　　　）最後に終わりの言葉です。（　　　）さんお願いします。

　終わりの言葉例　「今年も先生方とよい思い出ができました。これからも頑張りましょう。」

⑧（　　　）先生方が退場します。みなさん拍手で送りましょう。

⑨（　　　）これで先生・保護者へ感謝する会を終わります。

たてわり班活動

▷ **対象学年**………全校（1～6年生）

①全校児童が仲良く交流するための機会とする。

②全校のリーダーである児童会の活躍の場とする。

▷ **事前準備**

□1．たてわり班活動の進行は児童会が行う。

　事前にリハーサルを行う。（委員会活動の時間等を活用して）

□2．ゲームの説明は児童会の説明担当者が考える。

　当日、スムーズできるように事前に説明を確認しておく。

□3．ゲームは児童会が内容を決める。（年ごとに内容が変わる）

　1年生が簡単にできて楽しめるゲームにする。

【1年生から6年生まで楽しめるゲーム】

①猛獣狩りいこーよ

★「猛獣狩りいこーよ」の歌に合わせてお題を出す人が動物の名前を言う。「ゴリラ」なら3人組、「ライオン」なら4人組を作る。「魚釣りいこーよ」「昆虫採集いこーよ」などバリエーションを加えることも可能。（詳細はＴＯＳＳランドNo.3632484）

②進化じゃんけん

★ミミズ→ワニ→うさぎ→馬→人間→神様と進化していくじゃんけん。神様になった子をステージに上げると、とても喜ぶ。（詳細は TOSS ランドNo.3254082）

③じゃんけん列車

★音楽をかけ、曲が止まったら近くの人とじゃんけんをする。負けた人は勝った人の後ろにつき、肩に両手をかける。最後に列の先頭になった子がチャンピオン。チャンピオンにインタビューをすると盛り上がる。

▷ **留意点**

【準備物】　①マイク　②ゲームで使うもの（必要に応じて）

【場　所】　体育館

【留意点】　感想を発表する児童を決めておく。

▷ **シナリオ例**

◆**プログラム**

①始めの言葉　　　　　　　②児童会長あいさつ

③班の名前発表　　　　　　④全校ゲーム

⑤感想発表　　　　　　　　⑥校長先生のお話

⑦終わりの言葉

シナリオ

1 （　　　　）これから「たてわり班集会」を始めます。

2 （　　　　）児童会長あいさつ。会長の○○さんお願いします。

　　　　　　　　児童会長あいさつ

3 （　　　　）最初に各班で決めた班の名前を発表してもらいます。

4 （　　　　）１班お願いします。

　　　　　　　　各班、前に出て整列する。班長が班の名前を紹介する。

5 （　　　　）ありがとうございました。２班お願いします。

　　　　　　　　【以後、６班までくりかえす。】

6 （　　　　）全校ゲームをします。まずは、「進化じゃんけん」をします。

　　　　　　　私たちが最初にやり方を説明しますので、よく聞いて下さい。

7 （　　　　）進化じゃんけんのルール説明

8 （　　　　）次のゲームは、「猛獣狩りにいこーよ」です。

　　　　　　　やり方の説明をしますので、よく聞いて下さい。

9 （　　　　）猛獣狩りにいこーよのルール説明

10 （　　　　）みなさんは班ごとに最初の場所に整列してすわって下さい。

11 （　　　　）今日の感想を発表してもらいます。

　　　　　　　１年、３年、６年の代表は前に出て下さい。

　　　　　　　　１年→３年→６年の感想発表

12 （　　　　）校長先生のお話です。

　　　　　　　　校長先生のお話

13 （　　　　）これで、たてわり班集会を終わります。

第 **3** 章

健康安全・体育的行事

> ▶心身の健全な発達や健康の保持増進、事件や事故、災害等から身を守る安全な行動や規律ある集団行動の体得、運動に親しむ態度の育成、責任感や連帯感の涵養、体力の向上などに資するようにすること。
>
> （新学習指導要領―特別活動の内容より）

すこやか健康会議

▷ **対象学年**………**全校児童、保健委員会**

　すこやか健康会議は、全校のみんなや保護者の方々と、健康のことについて発表したり、お話を聞いたりします。みんなで健康のことについて考える行事です。

▷ **事前準備**

☐１．テーマに合わせて、発表内容を考える。例「メディアとのよりよいつきあい方」

☐２．発表の時間を確認し、発表の仕方を決める。

☐３．発表のシナリオをつくり、練習する。

▷ **留意点**

・テーマについて、アンケートをとるときは、保健室の先生と内容を相談する。

・難しい言葉は出来るだけ使わず、発表で伝えたいことをはっきりとさせる。

・伝えにくいことは、絵や図、劇などで伝える。

▷ **シナリオ例**

〈プログラム〉

１．はじめの言葉（保健副委員長より）

２．テーマについての説明（保健委員長より）

３．テーマについての発表（保健委員や各学年から）

４．講師の先生から

５．質問・感想（児童または保護者の方から）

６．校長先生のお話

７．おわりの言葉（保健副委員長より）

１　(司会) はじめの言葉。保健委員会　副委員長○○さん、お願いします。

２　(保健副委員長) これから、すこやか会議をはじめます。

３　(司会) テーマについての説明。保健委員会　委員長○○さん、お願いします。

４　(保健委員長) 今回の健やか会議のテーマは、「メディアとのよりよいつきあい方」です。わたしたちの周りにはテレビやゲーム、インターネット、スマートフォンなどさまざまなメディアがあります。メディアは便利なことがたくさんありますが、使い方を間違うと身体に悪いこともたくさんあります。今日はみなさんと「メディアとのよりよいつきあい方」を考

えていきます。

5 （ 司会 ）ありがとうございました。次はテーマについての発表です。保健委員会のみなさん、お願いいたします。

6 （保健委員）今回、4年生以上の学年のみなさんに、メディアとのつきあい方について、めあてを決めてもらい、取り組んでもらいました。各学年のめあてと結果を発表します。

7 （　　　　）4年生のめあては、

8 （　　　　）「おうちの人と安全かどうか考えて使い方を決め、約束を守って使おう。」です。

9 （　　　　）4年生は、メディアはおうちの人と決まりをつくって使うことをめあてにしました。インターネットなど危ないことがないように、また健康に悪いことがないように使えるようにと思ったからです。

10 （　　　　）取り組んだ結果、91パーセントの人が達成できました。おうちの人と時間や使い方を決めることで、安全に使えたり、使い過ぎに気を付けたり出来たそうです。

11 （　　　　）5年生のめあては、

12 （　　　　）「メディアは1日合計2・3時間まで！！」です。

13 （　　　　）5年生のみなさんは、時間を決めて、メディアにふれることをめあてにしていました。理由は、メデイアを使いすぎると、生活習慣が乱れて体の調子が悪くなるけど、生活に必要なものなので、時間を決めて上手に使えるようにしたいと思ったからです。

14 （　　　　）取り組んだ結果は、94パーセントの人が達成できました。やってみてわかったことは、時間を決めてやることでやり過ぎにならなかったことだそうです。

〜6年生　省略〜

15 （　　　）それぞれの学年で取り組んで、わかったことは

16 （　　　）①おうちの人と決まりをつくってやる

17 （　　　）②時間を決めてやる

18 （　　　）③宿題などやるべきことをやってからやる　です。

19 （　　　）このようなことに気をつけてこれからも、上手にテレビやゲーム、インターネットとかかわっていきましょう。

20 （ 司会 ）保健委員会のみなさん、ありがとうございました。

21 （ 司会 ）次に講師の先生からお話しを頂きます。○○○○様、どうぞお願いいたします。

〜講師の先生のお話・講演など〜

22 （ 司会 ）○○○○様、ありがとうございました。

23 （ 司会 ）児童のみなさんや保護者の皆様から質問や感想をお願いいたします。

〜質問・感想など〜

24 （ 司会 ）ありがとうございました。

25 （ 司会 ）校長先生のお話。校長先生お願いいたします。

〜校長先生のお話〜

26 （司会）校長先生、ありがとうございました。

27 （司会）おわりの言葉。保健委員会　副委員長○○さん、お願いします。

28 （保健副委員長）これで、すこやか会議を終わります。

第3章

❶健康安全

健康安全3－1－43

交通指導隊への感謝の言葉

▷ **対象学年**………6学年

交通教室での交通指導隊の皆さんへの感謝を、エピソードを入れて発表する。

▷ **事前準備**

□1．原稿を書かせ、チェックする。

□2．学級で練習させる。

□3．原稿を見ないで発表できるよう練習させる。

▷ **留意点**

・マイクでの練習もさせ、当日の動きなどを確認しておく。

▷ **シナリオ例**

◆プログラム
1　はじめの言葉　　2　交通指導隊の紹介　　3　児童代表の言葉
4　交通指導隊の方の言葉　　5　おわりの言葉

あいさつ例
　　交通指導隊の皆さんへの感謝の言葉

6年　　○○　○○

　交通指導隊のみなさん、いつも通学路で、わたしたちの安全を見守ってくださり、ありがとうございます。みなさんのおかげで安心して登下校することができました。
　私は、○○地区から登校してきます。途中に、信号のない横断歩道を通ってきます。車も多いのでわたるのがこわいときがありました。そのとき、交通指導隊の方が旗を降って車を止めてくださいました。
　「どうぞ。気を付けていってらっしゃい。」
と笑顔で送ってくださいました。とてもうれしかったです。
　他の地区でも、わたしと同じような体験をした人がたくさんいると思います。本当にありがとうございます。
　これからも、わたしたちの安全を見守ってください。わたしたちも交通ルールを守ります。よろしくお願いします。

健康安全 3 ― 1 ― 44

登下校見守り隊への感謝（司会）

▷ **対象学年**⋯⋯⋯ 5・6 学年

・学校ボランティアの方など、地域の方に感謝を伝える。

▷ **事前準備**

□ 1．全校合唱の練習をする。

　普段から練習している曲にする。校歌も、地域の方々には喜ばれる。

□ 2．プレゼントを作成する。

　プレゼントを作成する学年は、図工の作品などを考慮して決める。負担にならないようにする。

▷ **留意点**

・来賓の中には、ご高齢の方もいる。長時間立っていることのないように配慮する。

▷ **シナリオ例**

シナリオ
（　　　）　今から、地域の方に感謝する会を始めます。
（　　　）　ご来賓の皆様、今日はお忙しい中、足を運んでいただき、ありがとうございます。
　　　　　　今日は、地域の方に感謝する会を楽しんでいってください。
（　　　）　最初に、ご来賓の皆様を紹介します。
（　　　）　「登下校見守り隊」の方々です。登下校の時間に危ない場所などに立ち、いつも笑顔で私たちの安全を守ってくれています。（一言話していただく。）
（　　　）　「○○」の方々です。（読書ボランティアなどの方々の紹介）
（　　　）　次は、全校合唱です。曲は「○○」、ピアノ伴奏は6年生の○○さんです。
（　　　）　心をこめて　歌います。聞いてください。
（　　　）　地域の皆様、保護者の皆様、いつも私たちをお世話下さりありがとうございます。
（　　　）　私たちから感謝のプレゼントをお渡しいたします。代表の人はお願いします。これからも　どうぞよろしくお願いいたします。
（　　　）　代表の人は、自分の席にもどりましょう。
（　　　）　最後に、校長先生のお話です。校長先生お願いします。
（　　　）　ご来賓の皆様、今日は寒い中をお越しくださり、ありがとうございました。
（　　　）　ご来賓の皆様が退席されます。感謝をこめて拍手でお送りしましょう。

第3章 ❶ 健康安全

体育的行事 3 ― 2 ―45

運動会応援合戦 1

▷ **対象学年**………**全校（1～6年生）**

① 4～6年の応援団員がリーダーシップを発揮し活躍する場とする。

②自分の組の勝利を願い頑張ろうという気持ちを表現する中で、運動会への意欲づけを行う場とする。

▷ **事前準備【応援隊形】**

□1．6年生の応援団長を中心に練習を進める。

□2．挑戦状・応戦状は応援団長に考えさせる。

　　①過去の挑戦状・応戦状を応援団長に渡し、参考にさせる。

　　②出来上がったら、担当教師が点検する。

□3．よびかけは6年の応援団員で考える。

　　過去の呼びかけを赤白団長に渡し、参考にさせる。

□4．振り付け（3・3・7拍子等）は応援団全員で考える。

□5．応援歌は応援合戦の練習までに覚えておく。

　　各学級で事前に練習する。

▷ **留意点**

【準備物】①マイク1　②大太鼓2　③旗2（赤白各1）

　　　　　④挑戦状・応戦状2（赤白各1）　⑤ポートボール台2

　　　　　⑥学ラン4（各組応援団長・副団長分2）

【応援隊形】

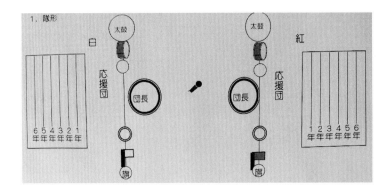

▷ **シナリオ例**

◆**プログラム**

①隊形移動　　②挑戦状・応戦状　　③応援合戦　　④応援歌

⑤エール　　⑥おわりの言葉　　⑦退場

シナリオ

1　（赤組団長）　紅組いくぞー　　（赤組）おー！

2　（白組団長）　白組いくぞー　　（白組）おー！

　　　　　　| 赤組団長が台に上り、白組に対して挑戦状を読む。 |
　　　　　　| 白組団長が台に上り、赤組に対して応戦状を読む。 |

3　（赤組団長）　みんなに希望を与えてくれる太陽の色は〜　　（赤組）赤だ〜

4　（赤組団長）　みんなの体の中を流れている血液の色は〜　　（赤組）赤だ〜

5　（赤組団長）　今年、優勝する組の色は〜　　（赤組）赤だ〜

6　（赤組団長）　3・3・7拍子〜ソーレ　| 笛・太鼓に合わせて手拍子 |　（赤組）おす！

7　（赤組団長）　2・3・4拍子〜ソーレ　| 笛・太鼓に合わせて手拍子 |　（赤組）おす！

8　（赤組団長）　3・3・9拍子〜ソーレ　| 笛・太鼓に合わせて手拍子 |　（赤組）おす！

9　（赤組団長）　これで、赤組の応援を終わる！

10　（白組団長）　太陽を隠す雲の色は〜　　　　　　　（白組）白だ〜

11　（白組団長）　みんなを成長させてくれる牛乳の色は〜　　（白組）白だ〜

12　（白組団長）　今年、優勝する組の色は〜　　　　　（白組）白だ〜

13　（白組団長）　3・3・7拍子〜ソーレ　| 笛・太鼓に合わせて手拍子 |　（白組）おす！

14　（白組団長）　2・3・4拍子〜ソーレ　| 笛・太鼓に合わせて手拍子 |　（白組）おす！

15　（白組団長）　3・3・8拍子〜ソーレ　| 笛・太鼓に合わせて手拍子 |　（白組）おす！

16　（白組団長）　これで、白組の応援を終わる！

17　（赤白団長）　応援歌、よーい

　　　　　　| 左手を腰に当て、右手で赤白帽子を振りながら応援歌を歌う。 |

18　（赤組団長）　白組にエールを送る。

　　　　　　フレーフレー白組〜　| 笛・太鼓に合わせて手拍子 |　（赤組）おす！

19　（白組団長）　赤組にエールを送る。

　　　　　　フレーフレー赤組〜　| 笛・太鼓に合わせて手拍子 |　（白組）おす！

20　（赤白団長）　これで応援合戦を終わる！　　（赤白組）おす！

第3章

❷体育的行事

運動会応援合戦2

▷ **対象学年**………1〜6学年（応援団は4〜6年）

応援団には運動会を盛り上げる大切な役割がある。

基本のシナリオを参考に各学校の応援団が台詞を検討・工夫する。

▷ **事前準備**

□1．はちまき

□2．たすき

□3．全校で練習する前に応援団だけで練習し、台詞を覚える。

□4．音が出るもの（ペットボトルにビーズを入れた物）※拍手の時に使う。

▷ **留意点**

・声の大きさ第一である。

・基本姿勢は、両手を後ろに組み、肩幅程度に足を開いて立たせる。

▷ **シナリオ例**

応：応援団　　全：全員
（1）20○○年　応援合戦　　（赤組）
応　「応援合戦　はじめるー！　気をつけー」（校舎の方向、前方を向いて気をつけする）
応　「お願いします。」（団長のあとに続いて）
全　「お願いします。」
応　「今からじゃんけんをするぞー」
全　「ワー」
※全員の声を大きく。
応　「○組が先攻だー」　　全「ワー」
応　「○組が後攻だー」　　全「ワー」
応　「みんなー　俺のことを知っているかー」
応「おれはー　赤組応援団長の　○○○○だー」
太鼓：ドン　　全「わー」
応　「今からー　赤組の応援を　始めるー　気合いを入れていくぞー」
太鼓：ドン　　全「オス」
応　「赤組の優勝を願ってー　フレー　フレー　赤組」
全　「フレフレ赤組　フレフレ赤組」　※拍手をさせる。
応　「がんばれー　がんばれー赤組」
全　「がんばれがんばれ赤組　がんばれがんばれ赤組」

応　「まだまだ気合いがたりないぞー」
全　「おー」
応　「気合いを入れるぞー　そーれ！」
全　「気合いだ！気合いだ！気合いだ！気合いだ！気合いだ！」
応　「赤組のみんなに聞く　いちごの色は何色だー」
太鼓：ドン
全　「赤」（旗をゆびさして）
応　「炎の色は何色だー」　　太鼓：ドン
全　「赤」
応　「今年優勝する組は何組だー」
太鼓：ドン
全　「赤　赤　赤組だーーー」

※サプライズ（きょうはー　赤組勝利のために　○○さんが　来てくれたー）有名人などに変
　装し、一緒に応援すると盛り上がる。

応　「赤組応援歌ー　元気よく」　太鼓：ドン　全「オー」
（応援歌）アンパンマンの歌　　※低学年が大きな声を出せる歌にすると盛り上がる。

応　「白組にエールを送るー　フレー　フレー　白組」
全　「フレフレ白組　フレフレ白組」
応　「がんばれー　がんばれー白組」
応　「がんばれがんばれ白組　がんばれがんばれ白組」
応　「これでー　赤組の応援を終わりにするー」
太鼓：ドン
全　「オス」

※白組も同様に応援する。

（2）赤白共通・全校応援
※赤組、白組とも同時に応援を行う。
応　「これから　全校応援をするぞー」
太鼓：ドン
全　「オー」
※全体で言うところは、手拍子をさせながら言わせる。
応　「いけいけ1年」　　1年全「いけいけ1年」
応　「がんばれ2年」　　2年全「がんばれ2年」
応　「負けるな3年」　　3年全「負けるな3年」
応　「勝て勝て4年」　　4年全「勝て勝て4年」

第3章

❷体育的行事

応　「ゴーゴー5年」　　5年全「ゴーゴー5年」
応　「頼むぞ6年」　　6年全「頼むぞ6年」

※ここからは、赤組、白組が交互に言う。
応　「いけいけ白組」　　白全「いけいけ白組」
応　「いけいけ赤組」　　赤全「いけいけ赤組」
応　「勝て勝て白組」　　白全「勝て勝て白組」
応　「勝て勝て赤組」　　赤全「勝て勝て赤組」
応　「負けるな白組」　　白全「負けるな白組」
応　「負けるな赤組」　　赤全「負けるな赤組」
応　「力の限り」　　全「ベストを尽くせ！」
太鼓：ドンドドンドドン　ドンドドンドドン
全　「必勝オー」　　※全校生の声を合わせる。ピッ（笛の合図で、校舎のほうを向く）

応　「判定をお願いします。」
※赤、白の団長が声を揃えて言う。
全　「お願いします」
※全校生が声を揃えて言う。

※校長、PTA会長、後援会会長の審判が旗を上げる。
放送係「（　　　）組の勝ちです。」
勝った方の団長「（　　　）組　バンザーイ」
全　「バンザーイ」
応　「バンザーイ」
全　「バンザーイ」
応　「ありがとうございました。」
（団長の後に続いて）
全　「ありがとうございました。」

ピッ（笛の合図で、中の方を向く）
応　「応援団退場」
笛：ピッピ　ピッピ・・・
※応援団を先頭に、走って退場する。

運動会応援合戦3

▷ **対象学年**………全学年

　自分の組の応援、相手の組へのエールを、団長・副団長の指示に合わせて行う。

▷ **事前準備**

□1．応援リーダーを中心にシナリオ例を基に言葉を考えさせ、練習させる。

□2．各学年に応援の流れを説明に行かせる。

□3．全学年で練習させる。

▷ **留意点**

・前年度の事例や児童のアイデアを取り入れて、シナリオや動きを決める。

▷ **シナリオ例**

◆**プログラム**

1　入場　2　演技（赤組→白組）　3　判定　4　退場

◇運動会応援合戦　赤組バージョン

団長　　これから、赤組の応援を始めます。礼。
団長　　いくぞー。
全員　　オー。

団長　　フレー、フレー、赤組。
全員　　フレー、フレー、赤組。フレー、フレー、赤組。
団長　　優勝、優勝、赤組。
全員　　優勝、優勝、赤組。優勝、優勝、赤組。
副団長　本気で行こうぜ、赤組。
全員　　本気で行こうぜ、赤組。本気で行こうぜ、赤組。
副団長　燃えて勝つぞ、赤組。
全員　　燃えて勝つぞ、赤組。燃えて勝つぞ、赤組。
団長　　かまえて！
全員　　（中腰、手は膝）

副団長　ゴー、ゴー、赤組。
全員　　ゴー、ゴー、赤組。ゴー、ゴー、赤組。

副団長　レッツゴー、レッツゴー、赤組。
全員　　レッツゴー、レッツゴー、赤組。レッツゴー、レッツゴー、赤組。
副団長　ぜったい優勝、赤組。
全員　　ぜったい優勝、赤組。ぜったい優勝、赤組。
副団長　燃え上がろうぜ、赤組。
全員　　燃え上がろうぜ、赤組。燃え上がろうぜ、赤組。

団長　　エイエイオー！
全員　　エイエイオー！
団長　　赤組の優勝を願って、３．３．７拍子。よーお！
全員　　（パン×３、『おう！』パン×３、『おう！』
　　　　パン×７、『おう！』）×２
　　　　ワー。『おう！』

団長　　白組にエールを送ります。
団長　　フレー、フレー、白組。
全員　　フレー、フレー、白組。フレー、フレー、白組。
副団長　ファイト、ファイト、白組。
全員　　ファイト、ファイト、白組。ファイト、ファイト、白組。
副団長　がんばれ、がんばれ、白組。

団長　　これで、赤組の応援を終わります。ありがとうございました
全員　　ありがとうございました。

体育的行事 3 — 2 —48

運動会応援歌

▷ **対象学年**………**全学年**

応援歌は、応援団が決め、全学年が歌う。

▷ **事前準備**

□1．応援歌を決める。

□2．応援団は、応援歌を覚える。

□3．応援団が歌った応援歌を録音し、校内放送で流す。

□4．歌詞カードを全校児童に配る。

▷ **留意点**

・応援歌は、歌詞が簡単で覚えやすく、低学年が歌いやすい歌にする。

・大きな声が出しやすい歌にする。

・応援の練習の時には歌えるように、歌詞カードや CD を事前に配っておく。

▷ **シナリオ例**

① **アンパンマンの歌（替え歌）**

何が君の目標　それに向かって頑張ろう
全力出し切れず終わる　そんなのは嫌だ
忘れないで友情　こぼさないで涙
だから君は勝つんだ　今年こそ
ああ赤組みんな　力を合わせ　愛と勇気を出して優勝だ　オー

② **夢をかなえてドラえもん（替え歌）**
白組なら赤に勝てる　頑張ろう（頑張ろう）
勝利を手に　みんな共に　輝こう（輝こう）
全力出し　ゴールめざし　最後まで
ほら　一人じゃない　前を向いてかけだそう
シャラララ　白は一つに
みんなでさあ手をつないで
大空に　響け元気な　○○っこ魂　オー

第3章

❷体育的行事

101

③　ピクニック（替え歌）

今年こそ勝とうよ

笑顔で楽しく

空はすみ青空

ゴール目指して

赤組　みんなで

ともに手をとり　ラララララララ

ラララ　今年こそ（ヘイ！ヘイ！）

ラララ　優勝だ（ヘイ！ヘイ！）

力を合わせろ　足なみそろえろ

勝つのは赤だ　オー！

④森のくまさん（替え歌）

※歌う順番　応援団（みんな）

★のところはみんなで歌う

赤組（赤組）　今年は（今年は）

絶対に（絶対に）　優勝だ（優勝だ）

★　ゴールを目指して

　　みんなで　走ろう　ヘイ！ヘイ！

赤組の（赤組の）　やる気と（やる気と）

本気で（本気で）　優勝だ（優勝だ）

★　○小だましいで

　　絶対優勝だ　オー！

⑤　ミッキーマウスマーチ（替え歌）

★のところはかっこの中を歌う

今年も白組優勝だ

ゴール目指して走り出せ

強くて明るい白組だ

力を合わせて頑張ろう

★　勝つぞー（勝つぞ！）

　　やるそー（やるぞ！）

本気で頑張るぞ

ヘイ！ヘイ！ヘイ！

みんなでつかもう優勝旗

ぼくらは最強白組だ　ヘイ！

⑥　さんぽ（替え歌）

走ろう　走ろう

優勝目指して

白組大好き

どんどん勝とう

徒競走　障害走　団体競技

全力出し切れ

熱い力で

今年も優勝

つかみ取れ

全校なわとび大会

▷ **対象学年**………**実践は、全校100名ほどの縦割り活動**

＊人数に合わせて、学年、学級対抗に変更も可能

児童会行事の「なわとび大会」を体育委員会（5・6年生）が企画し・運営する。

▷ **事前準備**

□1．委員会活動で、なわとびの種目や得点を検討する。

□2．委員会活動で、進行の練習をする。

□3．得点表や会場図など、必要なものを確認し、準備する。

▷ **留意点**

・チームが同じ人数（例：縦割り班で10人編成）になるように調整しておく。

▷ **シナリオ例**

◆**プログラム**

1　はじめのことば　　2　ルール説明　　3　競技

4　結果発表　　5　校長先生の話　　6　おわりのことば

（進行）これから、なわとび大会の開会式を始めます。私は、進行の○○○○です。
　　　　「はじめのことば」。○○○○さん、お願いします。

（担当）今日は、なわとび大会です。これまで、いろいろな跳び方に挑戦してきたことと思い
　　　　ます。練習してきた成果を発揮して、がんばりましょう。

（進行）「ルール説明」。○○○○さん、お願いします。

（担当）ルールの説明をします。
　　　　　縄跳びの種目は、4種目です。
　　　　〈縦割り班対決〉　ひっかけずに残った人数が得点になります。
　　　　　　　　　　　　　ひっかけた人は座っていてください。
　　　❶　前跳びは、3分間飛び続けます。得点は、1点×残った人数です。
　　　❷　あや跳びは、1分30秒跳び続けます。得点は、2点×残った人数です。
　　　❸　二重跳びは、一人残るまで飛び続け、そのチームに10点が入ります。
　　　　　あや跳び、二重跳びは前でも後ろでもいいです。
　　　❹　全員跳びは、2分間飛び続けます。得点は、1点×残った人数です。
　　　　　全員跳びの跳び方は自由です。

第3章

❷体育的行事

〈＊その他、八の字跳びは、学級・学年対決などで行ってもよい〉
　八の字跳びは、３分間飛び続けます。跳んだ数が得点になります。

　　　これで、ルール説明を終わります。
（進行）ありがとうございました。これで、開会式を終わります。競技に入ります。
　　　○○先生、お願いします。

　＊　児童が参加するため、教師が競技の進行をする。

（進行）これから、閉会式を始めます。「結果発表」。○○○○さん、お願いします。
（担当）結果を発表します。縦割り班対抗、第１位、○班。
　　　　　　　　　　　　　　〈学級対抗　八の字跳び、第１位、○年○組〉
（進行）ありがとうございました。「校長先生のお話」。校長先生、お願いします。
　＊　校長先生のお話
（進行）ありがとうございました。「終わりのことば」。○○○○さん、お願いします。
（担当）みなさん、なわとび大会はいかがでしたか。僕は、前跳びで３分間跳べたので、よか
　　　ったです。１位になったみなさん、おめでとうございます。これからも、体力をつけ
　　　るために、なわとびに取り組みましょう。これを終わりのことばとします。
（進行）ありがとうございました。これで、なわとび大会を終わります。

プール開き―児童の言葉

▷ **対象学年**⋯⋯⋯ **6 学年**

　プール開きで、水泳の学習にめあてをもち、安全に取り組む態度を育てる。

▷ **事前準備**

□ 1．原稿を書かせ、チェックする。

□ 2．学級で練習させる。

□ 3．原稿を見ないで発表できるようにする。

▷ **留意点**

・安全第一に進行する。

▷ **シナリオ例**

◆**プログラム**

1　はじめのことば　　2　児童代表のことば　　3　先生の話

4　代表児童による模範泳　　5　校長先生の話　　6　おわりのことば

あいさつ文例

　　　ルールを守って、安全な水泳学習

　　　　　　　　　　　　　　　　　　　6 年　　○○　　○○

　今日からいよいよ水泳学習が始まります。私の目標は、「50mを泳ぐこととプールでのルールを守って学習すること」です。

　5 年生の時に25mを泳ぐことができましたが、まだ50mに挑戦したことはありません。プール納めで、50m自由形にエントリーすることができるように、水泳の授業や夏休みのプールで練習したいと思います。

　プールでの学習はルールを守らないと、危険な目にあうことがあります。プールサイドを走らない、飛び込まないなどのルールを守って学習しましょう。

　小学校最後のプールです。友だちと思いっきり泳いで、楽しみたいと思います。

第 3 章

❷ 体育的行事

体育的行事 3 ― 2 ―51

プール納め―児童の言葉

▷ **対象学年**………**6学年**

　プール納めで、水泳学習の目標に向かって努力してきたことを振り返る。

▷ **事前準備**

□１．原稿を書かせ、チェックする。

□２．学級で練習させる。

□３．原稿を見ないで発表する。

▷ **留意点**

・安全第一に進行する。

▷ **シナリオ例**

◆**プログラム**

1　**はじめのことば**　　2　**児童代表のことば**　　3　**先生の話**

4　**競技**　　5　**校長先生の話**　　6　**おわりのことば**

あいさつ文例

　　小学校生活最後のプール納め

　　　　　　　　　　　　　　　　　　　　6年　○○　○○

　今日は、今年の水泳学習の最後の日です。

　私は、プール開きから１学期、夏休み、２学期の水泳で、「50メートル泳げること」を目標に練習してきました。１学期は、40メートル泳いだところで足がついてしまいました。夏休みの水泳教室に参加して、練習しました。プール開放でも、練習しました。そして、２学期になって初めて50メートルを泳ぐことができました。

　今日のプール納めでは、「50メートル自由形」に出ます。小学校生活最後の水泳なので、がんばって泳ぎきりたいです。

　みなさん一人ひとりに目標があると思います。その目標が達成できるように、力を出しきりましょう。応援もよろしくお願いします。

旅行的・集団宿泊的行事

▶自然の中での集団宿泊活動などの平素と異なる生活環境にあって，見聞を広め，自然や文化などに親しむとともに，よりよい人間関係を築くなどの集団生活の在り方や公衆道徳などについての体験を積むことができるようにすること。

（新学習指導要領―特別活動の内容より）

出発式　児童の言葉

▷ **対象学年**………学年代表（全校で実施の場合は、児童会）

　学年ごとの実施であれば、学年で代表1名、全校実施であれば児童会1名が行う。

▷ **事前準備**

□1．原稿を書かせ、チェックする。

□2．学級で練習させる。

□3．原稿を見ないで、マイクがなければ、大きな声で発表させる。

▷ **留意点**

1　遠足の目的を押さえた内容にする。

2　司会も児童が行う。

3　外で行う式なので、司会を含め話す人は大きな声で話すことを練習から意識させる。

4　リュックなどは置くなどの配慮をする。

▷ **シナリオ例**

◆プログラム

1　はじめの言葉　　2　児童代表のことば　　3　先生の話

4　かけ声　＊見送りがあれば、「行ってきます。」　　4　おわりの言葉

〈例　児童代表のことば〉

　○○小学校のみなさんの日頃の行いがよいので、とてもよい天気となりました。今日の遠足は、○○公園へ行きます。○○公園にはこの季節は、サクラソウやネモフィラの花がとてもきれいです。また、森林の中に入れば、ヤマツツジやエゴノキの花が見られますし、耳をすますとコゲラやジョウビタキの鳴き声が聞こえる時があります。自然を多く体験したいです。

　また、遠足は集団行動を学ぶ場でもあります。学級や班で協力して、みんなが楽しくするにはどうしたらいいかを考えて行動しましょう。

　ゴミなどで自然を汚すことなく、マナーを守って楽しく過ごしましょう。

帰校式　児童の言葉

▷ **対象学年**………学年代表（全校で実施の場合は、児童会）

　学年ごとの実施であれば、学年で代表1名、全校実施であれば児童会1名が行う。

▷ **事前準備**

□1．原稿を書かせ、チェックする。

□2．学級で練習させる。

□3．原稿を見ないで、マイクを使わず大きな声で発表させたい。

▷ **留意点**

1　楽しかったことだけでなく、遠足の目的が達成された内容にする。

2　外で行う式なので、司会を含め話す人は大きな声で話すことを練習から意識させる。

3　司会も児童が行う。

▷ **シナリオ例**

```
◆プログラム
1　はじめの言葉　　2　感想発表　　3　児童代表のことば
4　先生の話　　4　おわりの言葉
```

〈例　児童代表のことば〉

　今日の遠足は、みなさんけがをすることなく無事に帰ってくることができました。

　遠足では、自然を体験すること、集団行動でのルールやマナーを守ることが大切な目的だと出発式で先生からお話がありました。

　○○公園では、班のみんなで様々な花を見つけることができました。○○くんが図鑑をもってきていて、チョウジソウやヤマブキソウなど、自分は知らなかった花を覚えることができました。チョウジソウの水色がとてもきれいでした。

　また、広場ではみんなで決めた遊びを仲良くすることができました。ルールを守って遊ぶことができ、より団結でき楽しかったです。

　この遠足で学んだことをこれからの学校生活に生かしていきたいです。

第4章

❶遠足

▷ 旅行的・集団宿泊的行事　4—2—54

キャンプファイヤー　プログラム

▷ **対象学年**………5学年　（他学年でも可）

（1）自然に親しみ、自然への理解を深める。

（2）集団生活の大切さを学び、自主性、協調性、社会性を伸ばす。

（3）友情を深め、今後の学校生活に生かしていく。

▷ **事前準備**

□1．係で役割分担を行い、せりふや動きの練習をしておく。

□2．歌やフォークダンスなどを、音楽や体育の時間に練習しておく。

□3．学校から持って行く物、現地で用意してもらえる物を確認する。

▷ **留意点**

・暗い中で火を使うため、安全には十分に配慮する。

▷ **シナリオ例**

```
◆プログラム
1　プロローグ　　2　点火の儀式
　・歌「友達はいいもんだ」「燃えろよ　燃えろ」
　・フォークダンス「ジェンカ」「マイムマイム」
3　エピローグ　感想発表
```

```
1　プロローグ
（　　　）太陽が西の空に沈み、静かな世界がおとずれようとしています。
（　　　）この大地も周りの森も、そして空の雲も
（　　　）あらゆるものが私たちを歓迎しています。
（　　　）そんな自然のささやきに静かに耳をかたむけましょう。
（　　　）ただ今より○○小学校5年生のキャンプファイヤーを始めます。
（　　　）心を一つにしたみなさん、**「友だちはいいもんだ」**を歌いましょう。

2　点火の儀式
（　　　）○○の山に、友情の火を燃やしましょう。
（　　　）友情の火を持って来てくれるのは、火の神様です。火の神様の入場です。
　　火の神、火のついたトーチを持って入場する。
（　　　）火の神様の言葉を聞きましょう。　※火の神から言葉をいただく。
```

（　　　　）火の神から私たちの心の中に火をいただきます。代表の人は出てきてください。
　代表の人にトーチを渡して、火の神の前に並ぶ。
　火の神　　：責任の火を与えます。
　火の子1：責任の火をもらいます。何事も最後までやりぬきます。
　火の神　　：自立の火を与えます。
　火の子2：自立の火をもらいます。自分の事は自分でします。
　火の神　　：協力の火を与えます。
　火の子3：協力の火をもらいます。どんな時でも助け合います。
　火の神　　：友情の火を与えます。
　火の子4：友情の火をもらいます。たくさんの友達を作ります。

　全員が点火したら、火をつける位置に移動する。点火

（　　　　）わたしたちの心をこめた火を集め、大きな炎にします。
（　　　　）火がついたら大きな拍手をしましょう。それでは点火をお願いします。
　火の神・火の子点火をする。火がついたら拍手をする。火の子は輪の中にもどる。
（　　　　）ある時、人間は火を使うことを知る。
（　　　　）ある時は敵を遠ざける守り神となり、食べ物をおいしくする火にもなった。
（　　　　）またある時は、暗やみをてらし、体や心を温めるぬくもりになった。
（　　　　）そして今日、目の前で燃え上がる火は、私達の心の中に熱く燃え上がる。
（　　　　）今夜はこの火を囲み、みんなで歌い、踊り、友情を深めましょう。
（　　　　）この火に負けないように、**「燃えろよ　燃えろ」**を歌いましょう。
（　　　　）それではみなさん座りましょう。これから親睦の火を始めましょう。

　フォークダンスをする。**（ジェンカ　マイムマイム）**

（　　　　）夜空を焦がし、私達の心を熱くした炎も小さくなりました。

3　エピローグ
　楽しかったキャンプファイヤーも終わりに近づいてきました。
（　　　　）みなさんから感想を発表してもらいます。発表する人は出てきてください。
　感想を発表する。
（　　　　）ありがとうございました。
（　　　　）楽しく過ごした集いも、終わりの時となりました。
（　　　　）この思い出をいつまでも胸に焼き付けて、明日からも精一杯がんばりましょう。
（　　　　）これで○○小学校5学年のキャンプファイヤーを終わります。

キャンプファイヤー　入場～点火

▷ **対象学年**‥‥‥‥5・6学年

　行事に取り組むにあたっての心構えやねらいなど自分たちの力で、キャンプファイヤーを成功させるという意識を持たせる。

▷ **事前準備**

□1．校長先生または教頭先生に火の神役を担当してもらうよう打ち合わせておく。
　　火の神のセリフが書いてある原稿（本シナリオ等）を渡しておく。

□2．火の子役の児童を決める。
　　実行委員または希望者の中から、話し合い等を通して決定する。

□3．練習する機会を複数回とり、本番と同じように練習させる。セリフの書かれた
　　原稿（本シナリオ等）を覚えさせる。

▷ **留意点**

1　宿泊学習全体で、児童の活躍の場を設定する。

2　キャンプファイヤーを知らない児童のために、経験者から話を聞く機会があるとよい。また聞いたことを交流させる。

3　自分たちで作り上げる意欲を大切にし、教師主導にならないようにする。シナリオについても、工夫し変更してもよい。

4　シナリオについては、無理に原稿通り言おうとさせず、少し間違えてもよいから堂々と言う事が大切だと伝える。

▷ **シナリオ例**

〈キャンプファイヤーの進行シナリオ〉

（　　）火の神が入場されます。
　　　　※火の神、火の子が一列になって入場し、櫓を囲む。

（神　）わしは、この山を守る火の神である。子ども達の楽しそうな声が聞こえてきたのだが、聞くところによると、全校のよきお手本を目指す○○小学校の6年生だそうじゃのう。きみたちが今までどのような行いをしてきたのか、わしはこの山で見ておったが、とてもすばらしかった。だが、火を授ける前に、誓いの者の言葉を聞きたい。誓いの者、前へ。
　　　　※火の子は火の神の前に並び、片ひざをつく。

（子1）挑戦の誓い、私達は、何事にも積極的に失敗を恐れずに挑戦することを誓います。

（神　）挑戦の火を授ける。

（子2）感謝の誓い、私達がここまで成長できたのは、家族や先生方、友達の支えがあったおかげです。これからも感謝する気持ちを持つことを誓います。

（神　）感謝の火を授ける。

（子3）友情の誓い、私達は、今までともに頑張ってきた友達との友情を大切に、これからも変わらぬ友情を誓います。

（神　）友情の火を授ける。

（子4）協力の誓い、私達はこれからも協力することを大切にし、どんな困難にぶつかったとしても、人と助け合っていくことを誓います。

（神　）協力の火を授ける。

（子5）奉仕の誓い、私達は、これからも人や学校のために精一杯働き、奉仕の心を持って生きていくことを誓います。

（神　）奉仕の火を授ける。

（子　）私達は、この挑戦、感謝、友情、協力、奉仕の心を大切に、これからも生きていく事を誓います。

（神　）誓いの者、前に出て火をつけよ。

　　　　※火の子が点火する。

（　　）みんなで、「燃えろよ　燃えろ」を歌いましょう。

（全　）

　　　もえろよ　もえろよ　　　炎よ　もえろ
　　　火のこを　巻き上げ　　　天まで　こがせ
　　　照らせよ　照らせよ　　　真昼の　ごとく
　　　炎よ　うずまき　　　　　やみ夜を　照らせ
　　　もえろよ　照らせよ　　　明るく　あつく
　　　光と　熱との　　　　　　もとなる　炎

　※歌を歌っている間に、火の神、火の子は退場する。

第4章

❷ 宿泊学習

キャンプファイヤー　スタンツ

▷ **対象学年**⋯⋯⋯ 5・6学年

行事に取り組むにあたっての心構えやねらいなど話し合い確認する。

場の雰囲気を盛り上げ、クラスの一体感を高める。

▷ **事前準備**

□1. キャンプファイヤーは、子供たちにとっては、非日常の体験であり、学校生活での思い出に残る場面となることが多い。貴重な機会であるので、キャンプファイヤーを体験させるとともに、その意義や意味も指導する。

　＊キャンプファイヤーは、たき火を囲んで行われる行事であり、皆で集う儀式的な要素をもつものである。「キャンプファイヤーのスタンツ」とは、キャンプファイヤー中に行う歌やゲーム、ダンスや寸劇などの出し物のことをいう。

□2. 楽しく集うことも大切であるが、起源は、火の神への儀式的な要素があることを伝え、それとともに、火に対して、危険な行為がないよう指導する。

□3. 教師自身の体験やボーイスカウトなどでの児童の体験は貴重である。経験者に聞くなど、児童が積極的に関わり、企画運営できるようにする。

▷ **留意点**

1　火の管理は教師が行い、子供たちが安全に活動できる環境を用意する。

2　自主的にキャンプファイヤーのスタンツの練習ができる時間を確保する。

▷ **シナリオ例**

　キャンプファイヤーのスタンツには、（静）と（動）があり、それを上手に組み込む。

〈シナリオ〉
（リーダー）まずは、ぼく（私）の真似をしてください。
　　　　構えて。　※前かがみになり、両手をひざに当てる
（リーダー）　直れ。　　　　構えて。
　　　（両手でひざをたたきながら）ドンドンドコドコドンドンドン。
（子供）ドンドンドコドコドンドンドン。
（リーダー）ドンドンドコドコドンドンドン。
（子供）ドンドンドコドコドンドンドン。

（リーダー）でーましょでましょ。

（子供）でーましょでましょ。

（リーダー）でーましょでましょ。

（子供）でーましょでましょ。

（リーダー）○○君、でーましょ。

（○○）オー！

（リーダー）というように、自分に当てはまるなと思ったときには、右手と右足を出して、大きな声で「オー！」と言いましょう。

（リーダー）では、構えて。　　　でーましょでましょ。

（子供）でーましょでましょ。

（リーダー）でーましょでましょ。　　　　　　（子供）でーましょでましょ。

（リーダー）男子、でーましょ。　　　　　　（男子）オー！

（リーダー）元気いっぱい。さすがです。では、女子、いきますよ。
　　　　　それでは、構えて。　　　でーましょでましょ。

（子供）でーましょでましょ。

（リーダー）でーましょでましょ。　　　　　　（子供）でーましょでましょ。

（リーダー）女子、でーましょ。　　　　　　（女子）オー！

（リーダー）女子も負けていませんねー。とってもいい声です。
　　　　　次は、少しテンポをあげていきます。
　　　　　構えて。　　　　　　　　　　でーましょでましょ。

（子供）　でーましょでましょ。

（リーダー）でーましょでましょ。　　　　　　（子供）でーましょでましょ。

（リーダー）6年生、でーましょ。　　　　　　（全員）オー！

（リーダー）これはびっくり。山の動物達も○○小学校の6年生の声の大きさに驚いています。
　　　　　真ん中の炎もだんだんと大きくなってきました。
　　　　　盛り上がってきたところで、そろそろスタンツの準備はいいですか。いきますよー。
　　　　　元気よく構えて。　　　　　　　　でーましょでましょ。

（子供）でーましょでましょ。

（リーダー）でーましょでましょ。　　　　　　（子供）でーましょでましょ。

（リーダー）1組の人、でーましょ。　　　　　　（1組）オー！

（リーダー）それでは、1組のみなさん、出し物をよろしくお願いします。
　　　　　2組、3組のみなさんは座りましょう。
　　　　　※同様に、2組、3組も順に前に出させる。

第4章

❷ 宿泊学習

キャンプファイヤー　教師の語り

▷ **対象学年**⋯⋯⋯5・6学年

行事に取り組むにあたっての心構えやねらいなど話し合い、確認する。

宿泊体験（合宿・移動教室）での頑張りや学びを振り返り、最終日につなげる。

▷ **事前準備**

□１．引率の先生方が皆子ども達と関わることができるように役割分担をしておく。

　　一日目○○先生、二日目○○先生のように、順番を決めておくとよい。

□２．子ども達の企画や運営での頑張りやよいところを見つけておく。

　　目立つ子供だけでなく、すべての子供の活躍を見取れるように心がける。

▷ **留意点**

・子供たちは家族と離れ、不安に感じている子もいる。キャンプファイヤーを含め、夜の活動には、健康など細かく注意を払う。

・説教じみた長い話をすることなく、印象的なことを端的に心に残る様に語る。

▷ **シナリオ例**

＊シナリオは、様々な素材例を示している。例示を参考に、子供達の心に残る様、端的に話ができるようにする。

シナリオ

（教師①）楽しい時間もあっという間に過ぎ、もうすぐキャンプファイヤーが終わろうとしています。ここで、昨日今日のみんなの頑張りを振り返ってみます。

静かに、目を閉じましょう。合宿が始まってから今まで、自分がどんな事を頑張り、何を学んだのかを振り返りましょう。そして、１分たったなと思ったら、目を閉じたまま静かにその場に座りましょう。

（教師②）一日目、大きなかばんにたくさんの荷物を入れて、みんなが学校にやってきました。二泊三日の合宿に出かけるということで、少し緊張しているようにも見えました。わくわくどきどきの宿泊体験（合宿・移動教室）が、今、始まろうとしています。

　バスに乗り込み、出発です。合宿所へ到着すると、外は雨、レインラリーに出かけることになりました。班のみんなとあっちかなぁ、こっちかなぁと言いながら、チェックポイントを目指します。手をつなぎながらゴールするみんなの表情は、とても楽しそうな顔をしていました。お昼ごはんを食べてからは、ゲームランドをしました。昔懐かしいゲームもたくさんあって、

みんなと盛り上がることができました。時間があっという間に過ぎていき、もっと遊びたいと感じました。

　楽しいことばかりではありませんでした。集合するたびに、五分前集合ができませんでした。このままで大丈夫なのかなぁとも思いましたが、夕食前の五分前集合では、全員が五分前に集合することができました。これからの合宿、大丈夫だなと思えた瞬間でした。

　みんなと過ごす初めての夜は、肝試しです。そのころには、外も晴れてきたということもあって、ちょうちん片手に、みんなで神社まで歩いて行きました。神社の前での怖い話を聞いたときには、すでに泣き出している人もいましたね。一班ずつ、順番にスタートしていきます。人がだんだん少なくなり、辺りはどんどん暗くなっていく中で、泣いている女子を一生懸命に励ます男子がとても頼もしく見えました。元気な女子に引っ張ってもらう男子もいました。みんなのよいところをたくさん見ることのできた一日目でした。

（教師③）二日目、あまりよく寝られなかったのか、眠たそうでした。朝から天気がよく、気持ちのよくラジオ体操をして、スタートすることができました。

　二日目は、カレー作りに挑戦です。どこの班よりもおいしいカレーを作りたいと、みんなとても真剣な目をしていました。汗をかきながら火の調節をするかまど係、水の量を何度も確認するご飯係、涙を流しながらたまねぎなどの野菜を切っているカレー係、みんなの力を合わせることで、自分達のカレーを完成させることができました。全部の班のカレーも食べさせてもらいましたが、どの班のカレーもそれぞれにとてもおいしかったです。

　大変な片づけも、全力で頑張っていました。手が真っ黒になりながらも、一生懸命に鍋を洗っていました。思っていた以上に早く終えることができたので、驚きました。

　午後は、川遊びをしました。プール以上に冷たい川の水の冷たさに歓声があがっていました。思いっきり川に飛び込んでいる人もいたので、かぜひかないかなぁと少し心配にもなりましたが、自然を身近に感じることができたことでしょう。

　夕食を食べてからは、いよいよ長袖長ズボンに着替えて、キャンプファイヤーへ出発です。みんながこの日のために頑張って練習してきたスタンツの発表もあります。

（教師④）静かに、目を開けてください。キャンプファイヤーが始まったころは、あれだけ大きかった炎がこんなにも小さくなっています。みんなのスタンツは、とても見ごたえがありました。周りを巻き込む劇、息のあったダンス、よく考えられたクイズ、どれも工夫され、とても面白かったです。

　そして、みんなと踊ったフォークダンス、最高の盛り上がりで、みんなの一体感を感じました。みんなの声が合宿所の空に響き渡っていました。

　そんな楽しかったキャンプファイヤーももうすぐ終わろうとしていますが、みんなの合宿はまだ終わったわけではありません。まだ明日があります。

　明日は、○○山に登ります。みんなと声を掛け合う事で、全員で山頂を目指しましょう。

　そして、一人一人が良い経験をし、最高のお土産として学校に持ち帰りましょう。

　それでは、最後にもう一度、真ん中の火を見つめてください。この体験学習をみなさんの力で、最後まで、しっかりやり遂げられるよう期待しています。

第4章

❷宿泊学習

旅行的・集団宿泊的行事　4―2―58

キャンドルサービス　プログラム

▷ **対象学年**………5学年

　キャンドルサービスを通して、厳かな雰囲気と楽しい雰囲気を体験する。

▷ **事前準備**

□1．シナリオの印刷と配布。各役割の児童の選出

□2．各役割の児童の選出と事前練習

□3．キャンドルサービス内で歌う歌やスタンツの練習

▷ **留意点**

・学年・学級の人数に応じて、各役割の児童を選出する。

・事前に体育館などで練習しておく。スタンツ発表がある場合は、持ち時間を決め、
　練習しておく。

・営火長（校長先生または教頭先生など）と事前の打ち合わせをしておく。

▷ **シナリオ例**

〈プログラム〉

第一部　開始の儀式　①はじめの言葉　②女神入場　③女神の言葉

　　　　　　　　　　④営火長の言葉　⑤集火

第二部　出し物　　　①各班ごとの発表　②フォークダンス

第三部　終了の儀式　①営火長の言葉　②女神退場　③おわりの言葉

第1部　開始の儀式 （第1部進行係…　　　　　　　　女神係…　　　　　　）

・しょく台を囲んだ隊形で待つ。準備が出来たら消灯する。

①司会：「第一部を始めます。はじめの言葉。（礼）これからキャンドルサービスを始めます。」

②司会：「女神、入場。『遠き山に日は落ちて』の1番をみんなで歌いましょう。2番からはハ
　　　　ミングでお願いします。」

・「遠き山に日は落ちて」を歌う。その間に女神が入場する。女神が定席に着くまでハミング
　をする。女神は、聖火をもって入場する。

③司会：（止まったら）「女神の言葉」

　　わたしは、○○○に住んでいる火の女神です。湖と山に囲まれたこの場所に○○小学校の5
　年生のみなさんが来ていると聞いて、神聖な神の火をもってやってまいりました。

　　この火は、みなさんに、勇気とたくましさを与え、協力することの素晴らしさ、人を思いや
　る優しさ、そして、友情の大切さを感じさせてくれることでしょう。みなさん、このつどいの
　感動を忘れず、これからもしっかりとがんばって下さい。わたしは、いつもみなさんを見守っ

ています。

④司会：「献火。女神は営火長に聖火を手渡して下さい。」

・女神は、営火長に聖火を渡す。（営火長：　　　）

⑤司会：（女神から営火長に火が渡ったら）「営火長の言葉」

⑥司会：（終わったら）「ありがとうございました。」

　　　「分火。研修班の班長は営火長の前に集まり、営火長から火をもらって下さい。」

・営火長がしょく台の中央に火をともす。

⑦司会：「点火。班長は、自分の班の人のろうそくに点火して下さい。」

・班長は班員に点火する。

⑧司会：（点火が終了したら）「集火。１班からしょく台にろうそくをさして下さい。」

・班長は、火の名前を言いながら、しょく台におさめる。（各研修班班長）

・１班班長：「友情の火。ぼくたちはいつまでも友達同士でいることを誓います。」

・２班班長：「協力の火。ぼくたちはいつでも協力することを誓います。」

・学級長：「思いやりの火。私たちはいつでも相手のことを考えて行動することを誓います。」

⑨司会：「みんなで大きな拍手をお願いします。」

⑩司会：「これで、第一部を終わります。」（電気をつける）

第２部　出し物 （第２部進行係：　　　　　）

⑪司会：「次は、第２部です。第２部はみんなで楽しみましょう。みなさん、出し物の準備が
　　　　できたら、研修班ごとにならんで座って下さい。」

（みんなが座ったら）（※ここからは、明るく盛り上げるように司会をする）

⑫司会：「さあ、いよいよ第２部の始まりです。」

　　　　「では、トップバッターをつとめるのは○○さんです。よろしくお願いします。」

　　　　「ありがとうございました！（一言コメント）」→これを続ける。

⑬司会　次はフォークダンスです。みんなで楽しく踊りましょう。

⑭司会：「これで第２部を終わります。次は第３部です。第１部の隊形にもどって下さい。」

第３部　終了の儀式 （第３部進行役：　　　　　）

⑮司会：「（礼）楽しいひとときもあっという間に過ぎました。もうすぐ、今日の一日が終わろ
　　　　うとしています。これから第３部を始めます。」（消灯する）

⑯司会：「班長は、しょく台の前に集まって下さい。」

　　　　「班長は、中心の火を残して、ろうそくの火をゆっくりと消して下さい。」

⑰司会：「営火長の言葉」（営火長：　　　　　）

⑱司会：「ありがとうございました。」（営火長は、中心の火を女神に渡す。）

⑲司会：「女神、退場。みんなで『今日の日はさようなら（３番まで）』を歌って、女神を見送
　　　　りましょう。」

⑳司会：「閉会の言葉。今日、築いたこの友情をこれからもずっと大切にしていきましょう。
　　　　これで第３部を終わります。」（電気をつける）

※　学担から次の活動の指示を出す。

第
4
章

❷ 宿泊学習

宿泊学習　出し物（ペットボトルボウリング）

▷ **対象学年**⋯⋯⋯ **5 学年**

宿泊施設で、児童の企画、進行でゲームを楽しむ

▷ **事前準備**

☐ 1．小ペットボトル18本　　　　　水を半分入れる

☐ 2．大ペットボトル1本　　　　　水を満タンに入れる。

☐ 3．重い大ペットボトル1本　　　砂と水を満タン

☐ 4．バスケットボール1個

▷ **留意点**

ペットボトルボウリングのルール

■決まった場所からボールを転がす。（必ず下から転がす）

転がすボールはバスケットボールとする。

※ただし、児童生徒の実態に応じて、距離を考慮し、投げるラインを決める。

■ピンは　小ペットボトル（水を半分）18本　大ペットボトル1本（水を満タン）

大ペットボトル1本（砂と水を満タン）とする。

■点数は、小は1点、大は10点。さらに重ペットボトルを倒すと全得点が2倍とする。

全部倒せば56点となる。

■順番に、ペットボトルのピンめがけて投げる。

■前半4人の攻撃が終われば、得点を合計して、そのチームの得点となる。

前半4人が投げる終わる前に全部倒れた場合は、もう一度全部立てて再度チャレン

ジすることができる。倒れないでずれたピンは、テープで目印された場所に戻す。

※これらのことは、同じチームの、投球の番にあたっていないメンバーが行う。

■両チームの先攻めメンバー全員の投球が終わったら、後攻めと交代し、先攻めは両

チームともピンの方で待機し、自分のチームの投球のピン直しを行う。

ピンの並べ方

▷ シナリオ例

〈児童が企画・進行する〉

司会「これから、レクリエーションを始めます。」

司会「ルール説明を＿＿＿＿＿さん、お願いします。」

司会「これからペットボトルボーリングの試合を始めます。」

司会「１班と２班は移動して準備してください。」

「ただいまの試合、1班と2班は＿＿対＿＿　で＿＿班が勝ちました。

司会「１班と３班はコートに移動してください。」

※以下同様。

司会「競技結果を発表します。」

　３位＿＿＿＿班。２位は＿＿＿＿＿班。優勝は＿＿＿＿＿班でした。」

司会「先生からのお話です。」

司会「終わりのことば。＿＿＿＿＿＿さんお願いします。」

言葉「これで、レクリエーションを終わります。」

旅行的・集団宿泊的行事　4－2－60

肝試し企画

▷ **対象学年**⋯⋯⋯ **５年生**

ねらい　安全が確保されたルートを友達数人と協力しながら歩くことで、協調性を育
　　　　てる。

▷ **事前準備**

□１．必ず事前に教師による下見を済ませておく。（危険箇所・教員待機場所の確認）

□２．あらかじめルートの地図をつくり教員・児童へ連絡しておく。（マップ参照）

□３．日中、同じコースを子供達が散策するプログラムを組み込んでおく。

□４．一緒に行動する児童グループまたペアを決めておく。司会の子を決めておく。

□５．お化け役のほか、危険な場所には教員が立ち安全を確保するようにしておく。

□６．懐中電灯（グループに１台）・お化け役のグッズ（白いシーツ・かつらなど）

□７．安全監視役の教員は、携帯電話など緊急の連絡がとれるように対応する。

▷ **シナリオ例**

> **◆プログラム**
>
> ①事前指導（ルートや安全ルールの確認）・明るい場所で行う。　②スタート地点
> に移動　③スタート前に教員の「怖い話」。　④順番にスタートさせる。　⑤ゴー
> ル地点で全員そろっているかどうか確認する。　⑥事後指導・明るい場所で終了

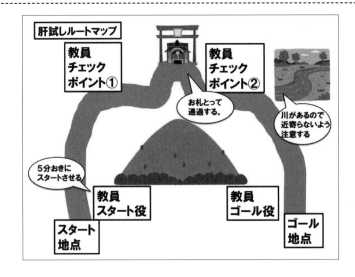

児童の司会用シナリオ

宿泊場所の玄関ホールなどに集合。

事前に決めておいた肝試しのグループごとに整列して座る。

司会①（　　　　　）皆さん、こんばんは。これから「肝試し」を始めます。

司会②（　　　　　）はじめに先生からコースの連絡と注意事項を話してもらいます。

教師の説明

① マップを見せながらルートの説明をする。危険な箇所には立ち入らないことを説明する。

② 途中、先生たちが立っている場所を説明する。困ったことがあればすぐに先生に報告することを伝える。

③ 懐中電灯はスタート位置で班に１つずつ渡すことを伝える。

司会③（　　　　　）みなさんから質問はありませんか。

司会④（　　　　　）ではスタート地点にしずかに移動しましょう。

～肝試し実施・全員ゴール地点に戻ったら、またホールに戻ってくる～

司会⑤（　　　　　）みなさん、お疲れさまでした。

司会⑥（　　　　　）怖かったけど、面白かったですね。

司会⑦（　　　　　）この経験を生かして、残りの宿泊学習のプログラムも頑張りましょう。

司会⑧（　　　　　）これで「肝試し」を終わります。先生に指示に従て部屋戻ります。

〈教師が行う「怖い話」のシナリオ〉

　トイレの花子さんという話を知っていますか？ある公園のトイレに花子さんという女の子の幽霊が出るというお話です。一番奥のトイレを３回ノックするのです。すると誰もいないはずのトイレの中から、「はーい」と返事がします。「花子さんあそびましょう」と言うと、中から赤いスカートの花子さんが現れるのです。花子さんは「何して遊ぶ？」と聞いてきます。ここでまちがえると呪われてしまいます。助かりたければ「折り紙」と答えます。それ以外のことを言うと花子さんに呪われてしまいます。花子さんは「何色の折り紙？」と聞いてきます。ここで「赤」と答えてはいけません。真っ赤な血が流れて死んでしまいます。「青」と答えてもいけません。真っ青になって死んでしまいます。助かるためには、「ごめんなさい！間違えました！」と３回繰り返さないといけません。

　ある女の子が、この花子さんの噂を確かめようと、その公園に行ってみました。そして、一番奥のドアを３回ノックしました。「コン。コン。コン」すると「はーい」と返事が聞こえました。震えながら「花子さんあそびましょう」というと本当に花子さんが現れました。「何して遊ぶ？」と聞かれました。「折り紙…」と答えると「何色の折り紙？」と返ってきます。女の子は頭の中が真っ白になってしまいました。（なんて言うんだっけ？なんて言うんだっけ？）慌てていた女の子は、間違えて「青」と言ってしまいました。花子さんは「ふーん、青が好きなんだー」と言ったかと思うと女の子の首に手をかけました。女の子の顔は苦しくて真っ青で

第4章

❷宿泊学習

す。

　気づくと女の子はトイレの中で一人でした。遠くで声が聞こえます。「今度は、あなたが花子さんになる番よ」その女の子は、今度は別な誰かが3回ノックしてくれるのを今も待っています。

　この近くにも公園があって、トイレがありますね。みんな3回ノックをしてはいけませんよ。

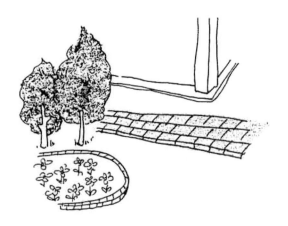

宿泊学習　怖い話1

▷ **対象学年………全学年**

　話の最後の場面で大声を出し、驚かせて怖い話を盛り上げる。

　怖い話は、学級レクや宿泊学習の隙間時間などで活用できる。

▷ **事前準備**

□1．子どもを教師のまわりに集める。

　　最後の場面で驚かせる子どもは教師の近くにいるようにする。

□2．話の最後の場面で、驚かせる子どもを決める。

□3．部屋を暗くする。

　　ろうそくや懐中電灯などで一カ所だけ明るくして、雰囲気を出すとよい。

▷ **留意点**

1　驚かせる子どもは、性格、性別などを十分考慮して決める。

2　間のとり方、声の大きさ、話す速さなど、雰囲気が出るように工夫する。

3　ろうそくなどの取り扱いに十分気をつける

▷ **シナリオ例**

シナリオ

　昔、ここに、みんなと同じように泊まりに来ていた小学生がいました。

　みんなが寝静まった頃、Ａくんが、外から聞こえてくる声に目を覚まします。

　見に行くと、大人の男2人が、言い争いをしていました。

　木の陰に隠れて様子を見ていたＡくんは、ほかの大人を呼んできた方がいいのではないかと思い始めます。

　が、そのとき、なんと片方の男が、近くにあった大きな石を持ち上げ、相手の頭を思いっきり叩いてしまったのです。

　叩かれた男は倒れてしまいました。

　「大変なことになった」

　Ａくんは見つからないようにその場から逃げようとしました。

　でもその時、落ちていた枝を踏んでしまいます。

　「誰だ！？」（少し大きな声で）

　その声を聞いた瞬間、Ａくんは急いで部屋まで走り、部屋の奥にある自分の布団へもぐりこみました。

第4章

❷宿泊学習

汗がふき出し、息が上がり、心臓の音はバクバクしています。
「見つかってしまった。どうしよう、どうしよう」
こわくてふるえていると、突然、部屋のとびらの開く音が聞こえてきました。
男が追いかけてきたようです。
男は、入り口近くの子どもの布団をめくり、首に手を当てています。

「ちがう・・・」
「ちがう・・・」

心臓の動く速さを調べているようでした。
布団のすき間から見ていたＡくんはそれを見て、ますますこわくなりました。
心臓のバクバクは収まるどころか、大きく、速くなる一方です。

「ちがう・・・」

どうか気づかないでくれ。
とうとうＡくんのところまできました。
ゴツゴツとした冷たい手が、Ａくんの首をつかみます。
何秒たったでしょうか、その手が離れていきました。
良かった・・・、ばれなかった・・・、と思った次の瞬間、

「お前だー！！！！！」（脅かす子どもに向かって、思いっきり叫ぶ）

こんなことになるかもしれません。
夜、外から声が聞こえてきても、決して見に行ってはいけませんよ。

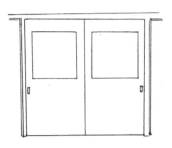

怖い話2

▷ **対象学年**………**全学年**

話の最後の場面で大声を出し、驚かせて怖い話を盛り上げる。

怖い話は、学級レクや宿泊学習の隙間時間などで活用できる。

▷ **事前準備**

□1．子どもを教師のまわりに集める。

最後の場面で驚かせる子どもが教師の近くにいるようにする。

□2．教師は、話の最後の場面で驚かせる子どもの隣に座る。

□3．部屋を暗くする。

ろうそくや懐中電灯などで一カ所だけ明るくして、雰囲気を出すとよい。

▷ **留意点**

1　最後の場面で腕をつかむ場合は、性別や人間関係を十分考慮すること。

2　池の部分は、宿泊施設の付近にあるものにするとよい。付近にない場合は、昔あ
ったという設定にするとよい。

3　ろうそくなどの取り扱いには十分注意する。

▷ **シナリオ例**

> シナリオ
>
> 水のあるところに、霊は集まるそうです。
> 特に池や川、湖などに、霊は集まりやすいそうです。
>
> 昔、みんなと同じ○年生の男の子と両親の3人家族が、泊まりにきました。
> 夜ご飯を食べ終わった3人は、肝試しに行くことにしました。
> この建物の近くにある池まで1人で行って、帰ってくるコースです。
> 両親の番が終わり、男の子の番になりました。
> 懐中電灯で足下を照らしながら、1人で歩き始めます。
>
> 池の近くに来たとき、誰かの声が聞こえてきました。
> 「こっ…」（小さな声で）
> びっくりしてあたりを懐中電灯で照らしてみますが、誰もいません。
> 不思議に思いつつ、また歩き始めます。

第4章

❷ 宿泊学習

声は、池に近づくほどに大きくなっていきます。
「こっち…」
「こっち…」

とうとう池までたどり着きました。
なんだか息苦しく、嫌な感じがします。
こわくなり、両親のところへもどろうと池に背を向けた瞬間、

「こっち来い！！！」（はっきりと大きな声で言いながら、腕をつかむ）

池の近くで、もし誰かの声が聞こえたときは、すぐに離れてください。
霊があなたを、水の中に引きずり込もうとしているのかもしれません。

あ　と　が　き

　自分の学生生活を振り返ってみると、何度か代表になって挨拶をしたことを覚えている。でも、そのすべてが嫌な思い出となって脳裏に焼き付いている。

　今は、教師として、人前に立つ仕事をしているが、子どもの頃は人前に出ることがとても嫌だった。「恥ずかしい」というのが最大の理由だ。

　思い出したくもない最大の出来事は、小学校5年生の時に起きた。

　1学期の終業式に、「誰が代表で挨拶をするか」、ということが学級で話し合われた。

　話し合いは紛糾した。誰もやりたくないのだ。

　当時は、一クラス50人ほどの人数がいて、学年8クラスあった。

　学年集会といえども、400人の前で話さなければならない。誰もが下を向いて、自分が指名されないでほしいと願っていた。そんな雰囲気の学級だった。

　業を煮やした担任は、授業終わりのチャイムと同時に、「ねえ、誰かやらないの？」と突き放すように言った。そして、一人を指名して、「誰か推薦して！」と言った。

　私は驚いた。ここまで話し合ってきたのに、最後の最後に、友達に名前を言われた人が、代表挨拶をしなければならない。理不尽だと思った。

　そして、よりによって、私が指名されたのだ。担任は、「じゃあ、松崎君、お願いね。」と言って、それで決まりである。

　どのようなことを書けばいいのか、どう話せばいいのか、全く分からなかった。担任教師も、教えてくれなかった。自分でいろいろと考えた。考え続けたが、最後まできちんとまとまらなかった。書いた内容にも全く自信がなかった。

　そんな状態のまま、当日を迎えたのだ。もう逃げ出したい気分だった。

　そして、学年集会が始まろうとしていた時だった。泣きそうな気持で「あいさつの作文が書けませんでした。」と、消え入るような小さな声で、担任に訴えた。

　学年集会が進み、私の学級だけ代表挨拶がなかった。集会はざわついた。私はいたたまれない気持ちでその場に立っていた。

　もし、あの時、担任教師が、「このように書けばいいんだよ」という文例を紹介してくれたら、きっと自信をもって代表挨拶に臨めただろう。自分の作文に自信のない子どもたちは、たくさんいる。そんな子に、強力なサポートをする本である。

　さらに各シナリオは、教師の負担を軽減する。お手元にぜひ置きたい一冊である。

　　　　　　　　　　　　　　　　　　　　　　七月吉日　　松崎　力

【監修】 向山洋一（むこうやま　よういち）

東京都出身。東京学芸大学社会科卒業。東京都大田区の公立小学校教師となる。
日本教育技術学会会長。NHK「クイズ面白ゼミナール」教科書問題作成委員、
千葉大学非常勤講師、上海師範大学客員教授などの経歴をもつ。
退職後は、TOSS（Teacher's Organization of Skill Sharing）
の運営に力を注いでいる。 モンスターペアレント、黄金の3日間、チャレンジランキング、
ジュニアボランティア教育など、教育にかかわる用語を多く考案・提唱している。著書多数。

【編者】 松崎　力（まつざき　つとむ）

1984年、栃木県公立学校の教師となる。その年発足した向山洋一氏が代表を務める「教育技
術の法則化運動」に参加し、35年以上のサークル活動を続け、向山実践を追求し始める。現
在、TOSS栃木代表及びNPO法人栃木教師力向上センター代表も務めている。更に地域振
興に寄与する人材育成を目的とする「子ども観光大使」活動を、栃木県の全ての行政と連携
して開催している。学術論文・著書を多数有し、『「子ども観光大使」の育て方』（学芸みら
い社）を代表著書とし、『アタマげんきどこどこシリーズ』（騒人社）の編集にも携わってい
る。

【執筆者】

岩田史朗	塩谷直大	黒滝誠人	赤塚邦彦	松下隼司	宮森裕太	高橋賢治
森元智博	中田昭大	塩沢博之	高見澤信介	田上大輔	柴山佳月	松井靖国
大邉祐介	山戸 駿	花木陸朗	神野高宏	盛岡祥平	佐々木翔平	富田大介
師尾喜代子						

【企画】 師尾喜代子　　**【編集協力】** 岡田健太郎　　並木友寛　　佐藤あかね

5分で準備―学校行事あいさつ・シナリオ集

2019年8月1日　初版発行

監 修 者　向山　洋一
編　者　松崎　力
表紙イラスト　喜多　啓介　　カット　吉田　英弘
カバーデザイン　師尾有紀江
発 行 者　師尾喜代子
発 行 所　株式会社　騒人社
　　　　　〒142-0054　品川区西中延3-14-2　第2 TOSSビル
　　　　　TEL　03-5751-7662　　FAX　03-5751-7663
　　　　　会社HP　http://soujin-sha.com/
印 刷 所　株式会社　プレステージエイム

第 5 章

実物資料（別冊）

〈移動教室シナリオ〉

❶ 出発式

❷ 対面式

❸ 閉園式

❹ 帰校式

❺ 朝会

❻ きもだめし

❼ キャンプファイヤー台本

〈学芸会シナリオ〉

－SOS！地球環境探検隊－

出 発 式

プログラム

1　始めの言葉

2　校長先生の話

3　児童の言葉

4　引率の先生方へのあいさつ

5　見送りの方への挨拶

6　終わりの言葉

シナリオ	ポイント
会司（　　　）：これから、移動教室出発式を始めます。 司会（　　　）：はじめは校長先生のお話です。校長先生お願いします。 〈校長先生の話〉 司会（　　　）：次は児童の言葉です。 児童の言葉（　　　）　**礼** 　わたしたちは、今から二泊三日の移動教室に出かけます。 　学校ではできないたくさんの経験が待っていると思います。「寝食をともにする」という言葉のように、寝たり、食べたり、三日間を一緒に過ごすことで、友情も深めあうことができると思っています。伊豆高原自然にふれたり、環境について考えたり、たくさん学べることもあると思います。 　お見送りのお父さん、お母さん、ありがとうございます。 　私たちがいなくて、さみしいと思いますが、泣かないで、無事帰ってくるのを待っていてください。	朝礼の隊形 ＊間違えてもよいので、メモを見ずに話せるよう覚える。 ＊間違えても誰も分からないので堂々と言う。

わたしたち全員、東一の名前をけがすことなく、ルールを守り、礼儀正しく頑張ってきます。お土産を楽しみにしていてください。

司会（　　　）：次は引率して下さる先生方へのごあいさつです。引率の先生方と補助員の方、前にお願いします。

　　校長先生と担任の先生、そして岡田先生です。
　　補助員の方は
　　　　１組担当は（　　　　　　　）さん
　　　　２組担当は（　　　　　　　）さん
　　　　３組担当は（　　　　　　　）さん
　　　　４組担当は（　　　　　　　）さんです。
　　三日間よろしくお願いします。みんなで一緒に「よろしくお願いします。」を言いましょう。
司会（　　　）：「よろしくお願いします。」

〈全員で「よろしくお願いします。」〉　礼

司会（　　　）：次はお見送りに来て下さった方に元気よく「行ってまいります。」のあいさつをしましょう。
司会（　　　）：「行ってまいります。」

〈全員で「行ってまいります。」〉

司会（　　　）：先生方の教えをしっかり守って、元気に出発しましょう。

司会（　　　）：これで出発式を終わります。

＊言葉は自由。
　文の長さは短くしてはいけない。

＊手本なのではっきり言う
＊きちんと声をそろえる

＊手本なので元気よく

＊きちんと声をそろえる。

対 面 式

プログラム

1　はじめの言葉

2　あいさつ

3　〇〇小学校の紹介

4　△△小学校の紹介

5　対面の挨拶・先生方の紹介

5　△△小校長先生の話

6　おわりの言葉

担当

シナリオ	ポイント
司会（　　　）：今から、この学園で一緒に過ごす〇〇小学校と△△小学校の対面式を始めます。	朝礼の隊形　生活班各一列
司会（　　　）：はじめに朝のごあいさつをいたしましょう。「おはようございます。」	手本なので、元気よく
〈全員で「おはようございます。」〉	みんなで、声をそろえて
司会（　　　）：次は、学校紹介をします。〇〇小学校からお願いします。	
〈〇〇小学校紹介〉	＊東一小拍手
司会（　　　）：△△小学校の紹介をお願いします。〈△△小学校紹介〉	
担当者（　　　）	

△△小学校は、去年開校130周年の記念式典を行いました。長い歴史を持つ大規模校です。クラスの数は、22クラスあります。道路を隔てて、□□中学校、■■高校があります。また、すぐ近くに新幹線が通っています。

　学区域は、住宅地で、落ち着きのある町で、△△小も落ちついていますが、ぼくたちは、そうでもありません。元気いっぱいの仲間たちです。どうぞよろしくお願いします。

司会（　　　）：〇〇小の児童のみなさんと△△の児童のみなさん、向かい合ってください。
　　　　　　　あいさつをします。
　　　　　　　「よろしくお願いします。」

　〈全員で「よろしくお願いします。」〉

司会（　　　）：次は、各学校の先生方の紹介です。
　　　　　　　前に出てきてください。
　　　　　　　〇〇小の前に△△の先生方
　　　　　　　△△の前に〇〇の先生方が立ってください。
司会（　　　）：では、みなさん先生方にごあいさつをいたしましょう。
　〈全員で「よろしくお願いします。」〉

司会（　　　）：次は、△△小の●●校長先生のお話です。
　　　　　　　お願いします。
〈校長先生の話〉　ありがとうございました。

司会（　　　）：互いに三日間、仲良く過ごしましょう。
これで対面式を終わります。

＊間違えてもよいので、メモを見ずに話せるよう覚える。

　間違えても誰も分からないので堂々と言う。
　言葉は自由。

各校の児童向かい合う

〇〇小の先生は△△の児童の前に立つ

△△の先生方は〇〇小の児童の前に立つ

＊閉園式は〇〇小の校長先生があいさつ

移動教室

閉 園 式

プログラム

1　開式の言葉

2　校長先生の話

3　学園の方のお話

4　児童の言葉区旗

5　校旗の掲揚

6　閉式の言葉

シナリオ	ポイント
司会（　　　）：今から、伊豆高原学園の閉園式を始めます。 司会（　　　）：はじめは校長先生のお話です。 〈校長先生の話〉 司会（　　　）：ありがとうございました。 司会（　　　）：次は学園の方からのお話です。 〈学園の方からのお話〉 司会（　　　）：ありがとうございました。 司会（　　　）：次は児童代表の言葉です。	

児童代表の言葉（　　　）	＊間違えてもよいので、メモを見ずに話す。
あっという間の三日間でした。学園の先生方はじめ、皆様には大変お世話になりました。バイキングの食事、温泉のお風呂、友達と過ごしたこの学園での生活は忘れられないものとなりました。	間違えても誰も分からないので堂々と言う。
開園式で言ったとおり、友達との絆を深め、さらに仲良くなることができました。	言葉は自由。
また、東京を離れ、この美しい自然の中で過ごし、これまで学習してきた環境を守る気持ちも大きくなりました。ここで学んだことをこれからも生かしていきたいと思います。	
三日間、本当に大変お世話になりありがとうございました。	＊手本なので元気よくきちんと声をそろえる。
司会（　　　）：学園の方にごあいさつをいたしましょう。	
司会（　　　）：「ありがとうございました。」	
〈全員で「ありがとうございました。」〉	
司会（　　　）：最後に区旗と校旗の降ろします。 　　　　　　　注目しましょう。担当の人お願いします。	旗降ろし担当 （　　　　　） （　　　　　）
〈担当（　　　）（　　　）：二人で旗を降ろす〉	
司会（　　　）：これで閉園式を終わります。	

帰 校 式

プログラム

1　始めの言葉

2　お迎えの方へのあいさつ

3　校長先生の話

4　児童の言葉

5　引率の先生方へのあいさつ

6　終わりの言葉

シナリオ	ポイント
司会（　　　）：これから、帰校式を始めます。 司会（　　　）：最初にお迎えの方に元気に「ただいま。」のごあいさつをいたしましょう。 　　　　　　　　ただいま。 〈全員で「ただいま。」〉 司会（　　　）：次は校長先生のお話です。 　　　　　　　　校長先生お願いします。 〈校長先生の話〉 司会（　　　）：次は児童代表の言葉です。○○さんお願いします。 児童代表の言葉（　　　）礼	＊みんなの手本なので元気にはきはきと言う。 ＊間違えてもよいので、メモを見ずに話せるよう覚える。

伊豆高原での三日間は本当に楽しくてあっという間に過ぎてしまいました。中でも、暗闇を照らすキャンプファイヤーの炎（ほのう）や、温泉のお風呂にみんなで入ったことは、忘れられない思い出となりました。東京ではできない自然の中での学習や体験もすることができました。移動教室での学びをこれからの生活にも生かしていきたいと思います。

　　お父さん、お母さん、おこづかいで買ったおみやげがありますよ。たぶんあります。みやげ話もあります。皆さん、家に帰ったら、しっかりお話してくださいね。

　　最後に出発式の時、約束しましたが、△△小の名前をけがすことなく、礼儀正しく頑張ってきたことを報告いたします。

　　これで終わります。（　　年　　組　　　　　　）**礼**

司会（　　　）：引率の先生方と補助員の方、前にお願いします。
　　　　　　　　次は引率して下さった先生方へのごあいさつです。

司会（　　　）：「ありがとうございました。」

〈全員で「ありがとうございました。」〉

司会（　　　）：これで帰校式を終わります。

各クラスに分かれて、翌日の連絡

＊間違えても誰も分からないので堂々と言う。

＊言葉は自由。
　文は短くしてはいけない。

＊手本なので元気よく言う。

＊みんなはきちんと声をそろえる。

朝　会

プログラム

1　朝のあいさつ

2　校長先生の話

3　リズム体操

4　先生の話

シナリオ	ポイント
生活班で、たてに１列に並ぶ。 司会（　　　）：今から、朝会を始めます。 司会（　　　）：朝のごあいさつをいたしましょう。 　　　　　　　　　「おはようございます。」 〈全員で「おはようございます。」〉 司会（　　　）：次は校長先生のお話です。 　　　　　　　　校長先生お願いします。 〈校長先生の話〉　ありがとうございました。 司会（　　　）：次はリズム体操です。 　　　　　　　　担当の人、前に出てきてください。 　　　　　　　　体操の隊形にひらけ。 　　　　　　　　目がさめるように元気に体操しましょう。 〈リズム体操を元気に行う。〉 司会（　　　）：もとの位置に集まれ 司会（　　　）：最後に先生からのお話です。 〈先生の話〉 司会（　　　）：これで朝会を終わります。	＊間違えてもよいので、メモを見ずに話せるよう覚える。 間違えても誰も分からないので堂々と言う。 言葉を変えてもよい。

怖くて楽しい　きもだめし

1　ルール

　①2人組（各クラスで決める　なるべく男女　＊こわがりの男子は2人でもよい
　　　　　　　　　　　　　　　　　　　　または、強い女子と組むとよい

　②各チーム　持ち点は20点で出発する（45秒ごと出発）
　　　　　　　　おばけ1か所20秒怖がると、すぐ追いつかれるから注意！

　　　ペナルティ　・後ろの組に追いつかれたら10点マイナス　　⇒怖がっていると判断
　　　　　　　　　・前の組に追いついたら5点マイナス
　　　　　　　　　・ペアは、2m以上離れたら、10点マイナス　⇒友情が欠けていると判断

　③体育館（暗闇）の中央の箱から得点をひく（30点　20点　10点）

　④得点・・最高得点50点　運よく30点を引き、ペナルティがない場合

　　　　　　　　　　　　　　　　　　　　　　　　　　| 輝く
50点 |

　⑤各クラス　最高得点ペア　報告　翌日発表

2　ルート　（＊実践は　伊豆高原）

　①スタート　石段下りる（恐怖）
　②野外ステージ（平気）
　③池の横（まむし注意の看板）
　④体育館（けっこう恐怖）
　⑤プール横（長い直線）
　⑥中央広場　ゴール
　　　＜各教室にもどる＞

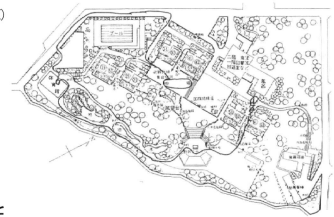

3　各クラスで決めておくこと

①ペアを決める（こわがりの人＋平気な人）
②おばけ4人　※2人ずつ2か所　2人はだれにも知られないようにどのようにおどろかすか相談
　　　　きけんなことはしない　小道具OK　　　　　　　決まったら　先生に報告

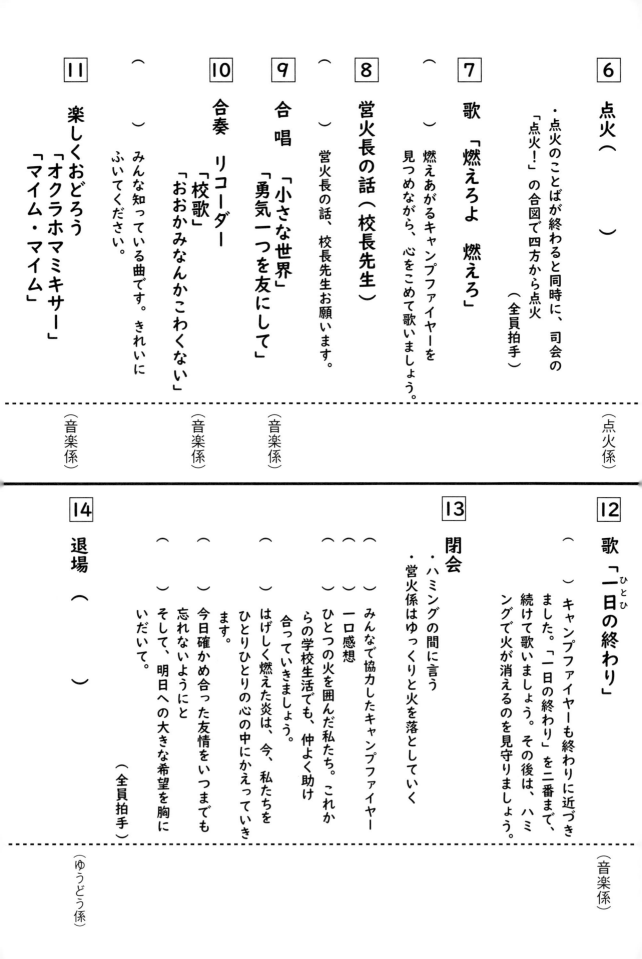

6 点火（　　）

・点火のことばが終わると同時に、司会の「点火！」の合図で四方から点火
（全員拍手）
（点火係）

7 歌「燃えろよ　燃えろ」
（　）燃えあがるキャンプファイヤーを見つめながら、心をこめて歌いましょう。

8 営火長の話（校長先生）
（　）営火長の話、校長先生お願います。

9 合唱「小さな世界」「勇気一つを友にして」
（音楽係）

10 合奏　リコーダー「校歌」「おおかみなんかこわくない」
（音楽係）

11 楽しくおどろう「オクラホマミキサー」「マイム・マイム」
（　）みんな知っている曲です。きれいにふいてください。
（音楽係）

12 歌「一日（ひとひ）の終わり」
（　）キャンプファイヤーも終わりに近づきました。「一日の終わり」を二番まで、続けて歌いましょう。その後は、ハミングで火が消えるのを見守りましょう。
（音楽係）

13 閉会
・ハミングの間に言う
・営火係はゆっくりと火を落としていく
（　）みんなで協力したキャンプファイヤー
（　）一口感想
（　）ひとつの火を囲んだ私たち。これからの学校生活でも、仲よく助け合っていきましょう。
（　）はげしく燃えた炎は、今、私たちをひとりひとりの心の中にかえっていきます。
（　）今日確かめ合った友情をいつまでも忘れないようにと。
（　）そして、明日への大きな希望を胸にいだいて。
（全員拍手）

14 退場（　　）
（ゆうどう係）

キャンプファイヤー台本

小学校　林間学園

《プログラム》

1 入場　＊無言で静かに

2組　×点火　まき　×点火　×点火　営火長・・司会　1組　女●○男

・全員入場し、隊形をつくる
・点火係は準備をする

（営火長）

2 開会
（　）これから、キャンプファイヤーを始めます。みんなで、「遠き山に日は落ちて」を歌いましょう。みんなで「遠き山に日は落ちて」を歌います。二番はハミングで歌います。

（司会）校長先生
（ゆうどう係）

3 歌　「遠き山に日は落ちて」
（　）みんなで声を合わせて、きれいに歌いましょう。

（音楽係）

4 営火入場
・ハミングの間に、点火係は営火長の地から日を移し、それぞれの位置につく

5 点火のことば

（　）〇〇林間学園での二日目の夜
（　）私たちは、自然の大きさや自然の大切さを学びました。
（　）大むかしから、人間は、自然のめぐみを受けてきました。
（　）火もそのひとつ
（全）火のそのひとつ
（全）食べ物をつくる火
（全）食べ物をつくる火
（全）体をあたためる火
（全）体をあたためる火
（　）けものから身を守る火
（　）けものから身を守る火
（　）おいのりに使う火
（　）おいのりに使う火
（　）まわりを照らし、人々の親ぼくを深める火
（　）私たちは、今燃え上がろうとしている炎の前で、楽しいひとときを過ごし、みんなの友情を深めましょう。

（点火係）

地球ＳＯＳ 環境探検隊！

学芸会シナリオ

作：師尾喜代子

	小学校
年　　　組	

プロローグ 「環境注意報発令」

☆ ＝ 照明

♪ サイレン

☆ 左右に振る。

防毒マスク
など

（上手の幕前で環境注意報を出す。）

予報アナ1　環境注意報・環境注意報！

予報アナ2　三十分後に強い酸性雨が降ります。

予報アナ3　ガス濃度が高く、酸素が足りなくなります。

予報アナ4　オゾン層のホールも活発です。

予報アナ5　みなさん、完全武装してください。

予報アナ6　空気タンクも必ず着用してください。

（完全武装し、避難する人が走り回る。）

（全員上手舞台下へさがる。）

探検隊1　現在、地球時間2109年11月13日（14日）11時15分。

探検隊2　われわれは、地球探検隊として、出発した。

探検隊3　第一セクションは、火星へと向かった。

探検隊4　第二セクションは、かぐや姫に会うため、月へと向かった。

探検隊5　第三セクションは、1万メートルの海底へももぐっていった。

探検隊6　第四セクションは、ザーマス隊を組み、ダイヤモンド新星へと乗り込んだ。

探検隊7　われわれの任務は、それぞれの場所の環境調査をすることである。

第一場面　「火星調査隊」

（火星の映像・効果音）　　　　　　♪効果音

（探検隊出てくる。　探検隊11、　　☆ON
ひざから血を出し、　痛そうに出てくる。）　火星映像

やっと火星に着きました。

探検隊9　　ひざのけがはだいじょうぶですか。

探検隊10　ああ、　さっきよりずっとよくなったよ。

探検隊11　地球に似ている環境ですね。

探検隊12　（あたりを見ながら、　石を集め始める。）

探検隊13　あっ、　石が5秒ごとに光っている。

探検隊14　火星の石のパワーはすごいぞ！

探検隊15　（探検隊11のひざが治っている。）
　　　　見てください、　けががなおっています。

　　　　（火星人現れる。）　　　　　　♪効果音
　　　　　　　　　　　　　　　　　　ムーンウォーク
火星人1　チキュウジン・ソコデナニシテル……。　で登場

　　　　（地球人、　驚き、　あわてる。）

探検隊8　地球の美しい環境を取り戻すのだ！　☆暗転

　　　　（暗転。　全員上手舞台下にさがる。）　幕開ける

—3—

探検隊16　私たちは、火星の調査をしに来ました。

探検隊17　どうか、力をお貸しください。

火星人2　カセイノイシノパワーヲ　ミツケタノデスネ‥‥。

探検隊18　はい。着陸の時のけがが治っているのです。なぜですか。

火星人3　ソレハ‥‥カセイニ　ソンザイスル　スベテノモノガ　ヤサシイキモチヘイワヲネガウココロヲモッテイルカラデス。

火星人4　チキュウジントハ　チガイマス。

火星人5　イシタチガ　アナタノキズヲ　ナオソウトオモッタノデス。

（地球人たち、元気なくうつむく。）

（気持ちを変え、力強く。）

探検隊21　いいえ！　地球人も平和を願っています。

探検隊20　みんなの幸せを願っているのです。

探検隊19　その思いを広めるためにも、この火星の石をわけてください。

（火星人たち、笑顔になりうなづく。）

火星人6　チキュウノヘイワヲ　ネガッテイマス。

火星人7　カセイノイシヲ　オモチクダサイ。

火星人8　キット　ヤクニタッテクレルデショウ。

探検隊たち　ありがとうございます。

（探検隊上手に、火星人下手に去る。）

（暗転）

♪効果音　ムーンウォーク
探検隊・火星人
去る
☆暗転

第二場面　「月・かぐや姫調査隊」

月映像

♪・効果音

☆ON

（月の映像・効果音）

月の人　（かぐや姫下手から登場。月の人たち後についてくる。）

かぐや姫　（スケジュール帳を見ながら。）

月の人1　かぐや姫、今日は地球の方々と会議が入っております。

月の人2　かぐや姫に相談があるそうでございます。

月の人3　地球にかぐや姫をおむかえに行ってから、もう千年ほどになりますね。

月の人4　あのころは、京に都がありました。

月の人5　地球も変わったことでしょう。

月の人6　となりに関西空港ができたそうですよ。

月の人7　まあ、それはお話を聞くのが楽しみですね。

（探検隊、上手からきちんと並んで出てくる。兵隊のように足をならして来る。）

かぐや姫　（探検隊言葉に困る。一人前に出る。）
地球のみな様は、幸せにお過ごしですか。

（探検隊一同礼をする。）

探検隊22　地球は、今、かなり困っております。

探検隊23　姫がいらしたころの地球とはちがっています。

探検隊24　あの、広く、青々とした竹やぶも、もうありません。

（月の人たちおどろき合う。）

—5—

探検隊25　スモッグのため、月の国さえ、地球からはよく見えません。

探検隊26　草木をはじめ、海も山も元気がなく、美しさも失いました。

探検隊27　私たち人間がこわしてしまったのです。

月の人9　それは悲しいこと。

月の人10　昔は、この銀河系宇宙で一番美しかったのですよ。

（探検隊、顔を見合わせがっかりする。）

かぐや姫　地球人たちは、地球を守ろうとする気持ちを忘れてしまったのです。

探検隊29　かぐや姫のお力で、何とか救っていただけないでしょうか。

探検隊28　分かりました。やってみましょう。

（かぐや姫、そっとつえを振る。）

探検隊31　気分はいかがですか。

（地球人たち倒れ、3秒後ゆっくり立ち上がる。）

探検隊30　大変さわやかです。

かぐや姫　落ち着いた　いい気分です。
地球にもどり、多くの人と握手してください。あなた方と握手した人は、みな地球を守るはずです。
そして、その握手した人が地球を守ろうとする気持ちをもつのです。

（探検隊、方ひざを付き並ぶ。）

探検隊たち　ありがとうございました。

（探検隊上手にさがる。月の人見送る。）

（暗転。）

♪効果音

☆暗転

— 6 —

（月の人下手にさがる。）

月映像
♪効果音
☆ON

第三場面　「海底調査隊」

（海底映像・効果音）

（海底…探検隊苦しそうに上手から登場。）

探検隊32　いくら酸素玉を飲んでいても苦しいですね。

探検隊33　海底１万メートルだ。　仕方ないだろう。

探検隊34　やっと海底国入り口です。　ふう、楽になった！

（あたりを見回し感心する。）

探検隊37　酸素の作り方は、どのようにしているのでしょうか。

探検隊36　地上よりはるかに進んでいます。

探検隊35　ずいぶん科学が進んでいますね。

（海底国の人、下手舞台から出てくる。）

海底の人１　地上の方々お待ちしていました。

Nice to meet you too.

Nice to meet you.

（英語であいさつし、握手し合う。）

探検隊38　大変すばらしい環境ですね。

探検隊38　ありがとうございます。　昔は、こんなに住みやすくはありませんでした。

海底の人２

—7—

海底の人3　酸素がこなくなったり、うすくなったりしました。

探検隊39　どのようにして、ここまで美しく、住みやすくなったのですか。

　　　　　（まわりは、花に水をやり、たがやす人。）

海底の人4　ここにいる人たちをごらんください。

海底の人5　すべてのものの命を大切にしています。花にも、草にも。

海底の人6　草木や花のおかげで酸素は作られ、安定しているのです。

海底の人7　小さな、小さな微生物たちさえ大切にしています。

海底の人8　目に見えない微生物たちも、私たちを助けてくれているのです。

海底の人9　科学がここまで進んだのも、海底国のすべての生きているもののおかげなのです。

　　　　　（大きくゆれ、緊急サイレンが鳴る。あたりの人たち、あわてず、きちんと位置につく。）

　　　　　　　　　　　　　　　♪サイレン音

　　　　　（探検隊、おどろきあわてる。）

探検隊40　ど、どうしたのですか。

海底の人10　たぶん、水圧に変化がおき、電気系統に異常が出たのでしょう。

探検隊41　だいじょうぶなのですか。

海底の人11　絶対、だいじょうぶです。

　　　　　（時々、まだゆれる。）

探検隊42　地上の地震と似ています。どこにいても自然との戦いはあるのですね。

探検隊43　われわれも、自然を理解し、自然と共に生きるよう、努力しなければならないということだな。

探検隊44　海底国のすべてのものに、教えていただきました。

探検隊45　今後は、地上で、命あるすべてのものとともに、環境を作っていきます。

海底の人たち　がんばってください。

探検隊46　とてもすばらしい海底国の旅になりましたね。

探検隊47　地上のみんなに、よいおみやげができました。みなさんどうぞお元気で！

海底の人たち　See you.

探検隊たち　See you.

（探検隊上手へ去る。）

（暗転）

（海底国の人舞台下手下へ去る。）

第四場面　「ダイヤモンド新星調査隊」

（銀河系映像・効果音）　　　　銀河系映像

（ダイヤモンド新星にザーマス隊が落ちる。）　♪効果音

（ザーマス隊、前転したり転がったりしながら登場。）　☆ON

（大けがで歩けない2人。ザーマス2、9）

ザーマス1　大変な着陸ザーマシタネ。

ザーマス2　足が痛くてたてないザーマス。

ザーマス3　あっ！　人が来ましたわ。助けてもらうザーマス。

ダイの人1　May I help you?

ザーマス4　えっ、何て言ったザーマス？

ダイの人2　「May I help you?」どうかしましたか？　お手伝いしましょうか？　と言ったのです。

ザーマス3　ああ、どうかしたザーマスヨ。　助けてほしいザーマス。

ザーマス5　地球から調査にやって来たんザーマスけど、ちょっと宇宙船の運転手さんが、乱暴ザーマシタノ。

ザーマス6　足が痛くて歩けない者が二人も出てましてこまってるザーマス。

ダイの人3　それは、それは、大変でしたね。

ザーマス1　今、近くの家から、車いすを借りてきましょう。

ザーマス7　それはありがたいザーマス。

ザーマス9　それはありがたいザーマス。
　　　　　（車いすにけが人をやる。）

ザーマス8　助かったザーマス。

ザーマス10　では、出かけるザーマス。
　　　　　（それぞれに出かける用意をし、上手に去る。）

ザーマス11　（車いすの人を誰も助けない。みんなの後にやっとついて行き、上手に去る。）
　　　　　（ザーマス隊2910〜上手から登場。車いす後から来る。）
　　　　　あら、いいお店ザーマス。
　　　　　見ていくザーマス。
　　　　　（車いす以外の人は店に入る。）

ダイの人4　（店の人出てくる。）
　　　　　それ、お安くなっていますよ。

車いす2台

（ザーマス隊口々に）

ザーマス10　見てるだけ〜。

ザーマス隊たち　見てるだけ〜。

ザーマス11　あ〜ら、車いすの人たちを忘れてしまったザーマス。

ダイの人5　May I help you? お手伝いしましょうか?

（ザーマス隊、ダイの人が上手に手伝うのを、不思議そうに見ている。）

ザーマス29　ありがとうザーマス。

（坂のところに来る。ザーマス隊が手伝うが、前向きで下ろすため、車いすから

ザーマス2・9落ちてしまう。）

ダイの子供1　May I help you? お手伝いしましょうか?

（後ろ向きにし、上手に手伝うのを、不思議そうに見ている。）

ザーマス12　どうして車いすの手伝い方を知っているザーマス?

ダイの子供1　みんな知っています。

ザーマス13　あなたのような子供も、みんなザーマスか?

ダイの子供2　もちろんです。車いすのことも、点字も、手話も、みんな小さいころから習います。

ダイの子供3　困っている人を手伝うことのできる認定証も、みんな持っています。

（みんなで認定証を見せる。）

ダイの子供1　だって、町には、手伝ってほしい人がたくさんいますから。

ダイの人4　だれだって、お二人のようにけがをするときがあります。

ダイの子供5

（ザーマス隊、顔を見合わせ、うなずき合う。）

ザーマス14　みなさん、帰るザーマス。

ザーマス15　地球にもどって、やらなくてはいけないことがわかったザーマス。

ザーマス16　地球人は、少し自分のことばかり考えすぎてしまったザーマスね。

ザーマス17　もう少し、人のことを考えられるようになりたいザーマス。

ザーマス18　さっそく、地球会議に意見を出して、ダイヤモンド新星のよにがんばるザーマス。

ザーマス19　ダイヤモンド新星のみなさん、本当にありがとう。あなた方から、すばらしいことを教えていただいたザーマス。

ザーマス9　ありがとうザーマス。また、来てくださいね。

ダイの子供4　Good by see you.

ダイの子供たち　さようならザーマス。

ザーマス隊たち　（ザーマス隊、車いすを手助けしながら、上手に去る。）
（暗転）
（ダイの子供下手へさがる）

☆暗転

エピローグ　「調査報告」

（地球映像・効果音。）
（セクションごとに登場。）

探検隊48　第一セクション、火星隊、報告します。

探検隊49　人の心をやさしくする「火星の石」を持ち帰りました。

地球映像
☆効果音
☆ON

探検隊50　第二セクション、月のかぐや姫隊です。

探検隊51　やさしさが、手と手で伝わるテレパシーを持ち帰りました。

探検隊52　第三セクション、海底隊もどりました。

探検隊53　草・花・微生物、すべてのものと協力することのすばらしさを見て帰って参りました。

ザーマス20　第四セクション、ダイヤモンド新星隊の報告ザーマス。

ザーマス21　人にやさしくする学習の大切さを学んできたザーマス。

　（暗転）
　（映像字幕「現在、地球時間2009年11月13日（14日）」、世界危機の映像と効果音。）

☆暗転
映像
♪効果音

探検隊54　地球時間2109年11月13日（14日）、つまり、百年後の今日、人類はやさしさに目覚めました。

探検隊55　でも、もっと早く目覚めてほしかったのです。みんなの地球を守るために。

　（全員ひな壇に登場。）

☆全証明ON

♪We are the World

【プロローグ】

予報アナ　1

探検隊　1　2　3　4　5　6　　1　2　3　4　5　6　7　8

【第一場面（火星調査隊）】

探検隊　9　10　11　12　13　14　15　16　17　18　19　20　21

火星人　2　3　4　5　6　7

【第二場面（月）】

かぐや姫

月の人　1　2　3　4　5　6　7　8　9　10　1

探検隊

31 30 29 28 27 26 25 24 23 22

【第三場面（海底）】

探検隊

39 38 37 36 35 34 33 32

探検隊

海底の人

11 10 9 8 7 6 5 4 3 2 1 7 47 46 45 44 43 42 41 40　　8

【第四場面（ダイヤモンド）】

ザーマス

19 18 17 16 15 14 13 12 11 10 9 8　　6 5 4 3 2 1